Jean-Émile Denis
avec la collaboration de
Donald Béliveau
Daniel Depelteau
Mireille Lessard

Préface de Bernard Landry

La PME

et l'exportation

gaëtan morin éditeur

C.P. 965, CHICOUTIMI, QUÉBEC, CANADA
G7H 5E8   TÉL.: (418) 545·3333

ISBN 2-89105-135-1

Dépôt légal 1er trimestre 1984
Bibliothèque nationale du Québec
Bibliothèque nationale du Canada

TOUS DROITS RÉSERVÉS
© 1984, Gaëtan Morin éditeur
123456789   987654

Révision linguistique: Dominique Brassard

Distributeur exclusif pour l'Europe et l'Afrique :

Éditions Eska S.A.R.L.

30, rue de Domrémy
75013 Paris, France
Tél. : 583.62.02

On peut se procurer nos ouvrages chez les diffuseurs suivants :

Algérie

Entreprise nationale du livre
3, boul. Zirout Youcef
Alger
Tél. : (213) 63.92.67

Espagne

DIPSA
Francisco Aranda n° 43
Barcelone
Tél. : (34-3) 300.00.08

Portugal

LIDEL
Av. Praia de Victoria 14A
Lisbonne
Tél. : (351-19) 57.12.88

Algérie

Office des publications
   universitaires
1, Place Centrale
Ben-Aknoun (Alger)
Tél. : (213) 78.87.18

Tunisie

Société tunisienne
   de diffusion
5, av. de Carthage
Tunis
Tél. : (216-1) 255000

et dans les librairies universitaires des pays suivants :

Algérie	Côte-d'Ivoire	Luxembourg	Rwanda
Belgique	France	Mali	Sénégal
Cameroun	Gabon	Maroc	Suisse
Congo	Liban	Niger	Tchad

Table des matières

PRÉFACE

Outre la satisfaction d'ordre intellectuel qu'elle peut légitimement procurer, une recherche théorique en gestion se doit d'être de quelque utilité aux intervenants du secteur sur lequel elle porte. La présente étude de Jean-Émile Denis et de ses collaborateurs atteint largement cet objectif: elle s'avère un précieux outil tout autant pour les praticiens (actuels et potentiels) de l'exportation québécoise que pour les responsables publics chargés de les appuyer.

Aux dirigeants de petites et moyennes entreprises, le texte qui suit rappelle d'abord que la qualité et le dynamisme de leur gestion constituent les facteurs essentiels du succès sur les marchés extérieurs. Comme les auteurs le soulignent eux-mêmes, cette idée ne devrait pas surprendre outre mesure. L'originalité de l'exposition qui en est ici faite est qu'elle est effectuée au moyen de considérations scientifiques. Quand plus de gens d'affaires de chez nous seront convaincus qu'une percée sur les marchés internationaux dépend d'abord et avant tout de leur volonté, le Québec prendra toute la place qui lui revient dans le commerce extérieur.

Cela ne se fera évidemment pas en un tournemain. S'il est vrai qu'«exporter c'est pas sorcier», il n'en demeure pas moins que la pénétration de nouveaux marchés exige des entreprises certaines modifications dans leur façon de faire habituelle. Le professeur Denis et ses collaborateurs à cet égard mettent de l'avant une conception extrêmement intéressante et féconde de l'exportation: ils proposent de la considérer comme un processus d'apprentissage.

Un premier avantage non négligeable de cette vue des choses est de démystifier la pratique du commerce extérieur. On l'a souvent dit ces derniers temps: les PME québécoises n'ont pas une large expérience des marchés hors frontières. Cela explique qu'elles soient souvent hésitantes à s'y engager. Il leur faut d'abord se familiariser petit à petit avec l'idée même d'exporter. Rien de tel pour atteindre ce but que de concevoir l'exportation selon une série d'étapes successives.

Aborder de la sorte le commerce extérieur comme une démarche continue marquée de différents stades aide par ailleurs à identifier les gestes à poser à un moment ou à un autre d'une percée exportatrice. Sur un plan assez général, le présent ouvrage recommande ainsi aux PME québécoises de s'aventurer d'abord sur les marchés des États-Unis et — nous nous attarderons sur ce point plus loin — de s'adjoindre au début les services d'intermédiaires spécialisés.

Un autre avantage de cette façon de voir est qu'elle permet de répartir les entreprises québécoises en différents grands groupes (non exportatrices non intéressées par l'exportation, non exportatrices intéressées à exporter, exportatrices débutantes et exportatrices expérimentées, etc.) et de particulariser pour chacun de ces sous-ensembles l'appui que l'État est disposé à accorder aux PME dans leurs efforts pour conquérir de nouveaux marchés étrangers.

Au sujet de cette aide gouvernementale, celle principalement qu'apporte aux entreprises d'ici le gouvernement québécois, la recherche dirigée par Jean-Émile Denis comporte deux traits majeurs: d'abord, elle confirme, pour l'essentiel, le bien-fondé de l'approche adoptée depuis sa création par le ministère du Commerce extérieur que j'ai l'honneur de diriger; elle lui propose par ailleurs de nouvelles perspectives d'action.

S'il est un point que l'étude met en évidence, c'est bien le rôle fondamental que joue dans l'expansion des exportations la prospection des marchés étrangers, en particulier par la participation à des missions et à des foires et expositions internationales. Ainsi que le relèvent le professeur Denis et ses collaborateurs, la présence physique des exportateurs sur les lieux mêmes où ils désirent s'implanter est une condition tout à fait nécessaire de la réussite de leur tentative. Le ministère québécois du Commerce extérieur l'a fort bien compris. Aussi a-t-il mis sur pied différents programmes d'aide à la promotion des exportations (APEX) dont certains ont précisément pour but d'assister les entreprises directement sur le terrain. Ils leur permettent, entre autres choses, de participer aux expositions et foires internationales et d'organiser des missions commerciales et industrielles d'importance. Le succès remporté par ces programmes est incontestable: en mars 1982, ils avaient entraîné des ventes déclarées sur place de 37,5 millions de dollars et des ventes étalées sur les 5 années suivant le déplacement estimées à 371 millions de dollars. Comme j'ai souvent eu l'occasion de l'affirmer, il est difficile de trouver un quelconque programme gouvernemental dont les retombées peuvent être comparables.

Outre la participation aux foires et missions, une autre forme d'aide aux exportateurs par laquelle l'État peut puissamment sti-

muler les exportations consiste en une représentation gouvernementale sur les marchés extérieurs. Le ministère du Commerce
extérieur compte à cet égard actuellement des conseillers économiques et des attachés commerciaux dans 16 villes et 9 pays. Leur
tâche consiste à assister sur place les exportateurs entre autres
choses, en leur signifiant des produits cibles et des occasions
d'affaires et en établissant avec eux des stratégies de marketing.
Nous sommes également à expérimenter de nouveaux modes de
présence du Québec à l'étranger comme, à titre d'exemple, l'engagement de conseilleurs itinérants.

Dans la présente étude, la variable reconnue comme étant la
plus susceptible de contribuer à l'expansion des exportations est
celle de la diversification des marchés. Les auteurs soulignent
cependant le danger que représente pour les firmes exportatrices
une intrusion sur des marchés «trop exotiques». Il importe à ce
propos de faire valoir que le ministère du Commerce extérieur est
en mesure de fournir aux exportateurs une connaissance appro-
fondie des marchés internationaux et de les conseiller sur les
meilleures stratégies de pénétration de ces marchés. L'exportation n'est pas la seule activité pour laquelle le manque de stratégie conduit à la catastrophe.

Comme on peut aisément le constater, il y a une concor-
dance générale assez nette entre ce que le présent travail de
recherche identifie comme étant les actions gouvernementales
les plus susceptibles d'appuyer les initiatives à l'exportation des
PME québécoises et les mesures jusqu'à maintenant mises sur
pied à cette fin par le ministère du Commerce extérieur.

Jean-Émile Denis et ses collaborateurs émettent par ailleurs
l'avis que les PME québécoises devraient davantage avoir recours
aux intermédiaires spécialisés, tels les maisons de commerce et
les transitaires internationaux, dans leurs projets d'exportation
de même que les gouvernements devraient en tenir plus compte
dans l'élaboration de leurs politiques visant l'expansion de leur
commerce extérieur. La suggestion est excellente: déjà partie pre-
nante au processus d'exportation, les intermédiaires spécialisés
pourraient et devraient effectivement être plus résolument impliqués dans les programmes de promotion des exportations. Il y a
peut-être là, ainsi que semble l'indiquer le présent document, une
voie intéressante à explorer et à expérimenter.

En tout cas, c'est en débouchant sur de semblables propositions qu'une recherche par nature d'abord abstraite et à finalité

première cognitive peut également avoir des effets pratiques et être d'un précieux apport pour ceux qui oeuvrent de plein pied dans l'exportation. C'est manifestement le cas de *LA PME QUÉBÉCOISE ET L'EXPORTATION*. Tellement, que ses auteurs devraient, de façon à ce que leur ouvrage puisse vraiment rejoindre les praticiens de l'exportation, envisager la possibilité d'en publier une version expurgée de ses considérations non seulement méthodologiques mais également techniques. Les grandes lignes de leur travail pourraient de la sorte être connues des exportateurs et les aider, comme je le dis souvent et sans avoir honte de mon agressivité, à «BATTRE LA CONCURRENCE».

BERNARD LANDRY
ministre du Commerce extérieur
20 septembre 1983

I Introduction

Jean-Émile Denis

Cet ouvrage rassemble plusieurs recherches effectuées de 1979 à 1982 portant soit directement sur la PME québécoise et l'exportation, soit sur diverses questions qui lui sont indirectement reliées comme celles des maisons de commerce ou des transitaires internationaux.

Qui dit textes de recherche dit audience restreinte. Pour remédier, en partie du moins, à cet inconvénient, les considérations méthodologiques ont été réduites le plus possible. Toutefois, certains risquent de rester sur leur faim. Ceux-là pourront, dans certains cas, trouver plus ample satisfaction en se rapportant aux publications de nature plus scientifique où les recherches furent d'abord présentées et qui sont mentionnées dans les références bibliographiques.

Bien que les auteurs entretiennent l'espoir (et l'illusion peut-être) que des praticiens de l'exportation parcourront ce livre, ils doivent admettre qu'il est avant tout destiné aux enseignants et aux étudiants des écoles et facultés de gestion ou d'économie intéressés par le sujet.

L'enquête REDEX constitue la principale banque de données sur laquelle s'appuient les divers chapitres de cet ouvrage. Les chapitres II *(La taille des firmes et la performance d'exportation)*

1

et III *(Les paramètres de l'expansion des exportations des PME manufacturières québécoises)* en sont directement issus. Les chapitres IV *(Les relations entre les maisons de commerce et les PME)* et V *(Les relations entre les transitaires internationaux et les PME)* y sont indirectement reliés, puisque les liens possibles entre intermédiaires et PME sont évoqués à partir des profils de PME tirés du chapitre III. Il en est de même pour le chapitre VI consacré au diagnostic-export qui extrait du rapport REDEX certaines caractéristiques des PME québécoises.

Il apparaît donc opportun, puisque l'on y fera implicitement ou explicitement référence, de retracer les principales caractéristiques de l'étude REDEX et certaines des conclusions qui en furent tirées.

En 1977, la Chambre de commerce de la province de Québec confiait au ministère de l'Industrie et du Commerce provincial les résultats d'une étude sur le potentiel d'exportation des petites et moyennes entreprises québécoises. Les autorités provinciales devaient s'en inspirer pour élaborer une politique d'accroissement des exportations de produits fabriqués au Québec. Le rapport REDEX (Recherche sur le potentiel d'exportation des entreprises québécoises) de la Chambre de commerce de la province de Québec se veut en effet un outil utile pour l'analyse du comportement des firmes à l'exportation. Le rapport rassemble nombre d'informations servant à identifier le potentiel des firmes à l'exportation. REDEX repère par exemple les PME ayant un certain potentiel à l'exportation parmi les secteurs industriels les plus concurrentiels — machinerie, fabrication de produits électriques, alimentation, première transformation de métaux, industrie du bois. Les PME de ces secteurs regroupent entre 50 et 200 employés; elles ont à leur tête une équipe de gestion relativement importante et ont développé une stratégie de vente particulière. De plus leur chiffre d'affaires a connu une certaine croissance et leur solvabilité est reconnue. Elles constituent le principal groupe de PME auquel les autorités gouvernementales devraient s'intéresser, d'après les auteurs du rapport.

Le rapport REDEX fait part également des principaux handicaps à l'exportation des PME québécoises. Parmi ceux-ci, le coût élevé de la main-d'oeuvre québécoise apparaît de première importance aussi bien pour les PME exportatrices que non exportatrices. Pour les premières, s'ajoutent les tarifs douaniers imposés par les pays étrangers ainsi que les contraintes de financement.

Le manque de ressources en temps et de spécialistes de la vente et du marketing constitue la deuxième contrainte en importance pour les PME cantonnées au marché local. Par conséquent, ces dernières en particulier ont peu de connaissance de leurs marchés et ne se consacrent pas suffisamment à la prospection de nouveaux marchés.

Toutefois, si REDEX met en évidence les caractéristiques des PME exportatrices, il fournit peu de renseignements sur les déterminants d'une plus grande implication de ces PME sur les marchés à l'exportation et ne précise pas, outre le marché américain, la diversification géographique de leurs marchés étrangers. Ces questions seront reprises dans le chapitre III.

L'échantillon de firmes constitué par la Chambre de commerce de la province de Québec sera donc réutilisé ici et divisé en divers sous-échantillons, afin d'approfondir l'analyse du comportement à l'exportation des PME québécoises.

L'échantillon REDEX est tiré lui-même d'une population de 3000 PME manufacturières du Québec, les auteurs ayant considéré la PME comme une entreprise regroupant entre 20 et 500 employés. La taille minimum du secteur de l'alimentation a cependant été portée à 50 employés, les entreprises de ce secteur comptant moins de 50 employés étant présentes essentiellement sur le marché local. Sont exclus de la population de base les secteurs du tabac, du plastique et du caoutchouc, du pétrole et du charbon, ainsi que le secteur de l'imprimerie et de l'édition, les trois premiers ne comportant pas suffisamment de PME, le dernier ne constituant pas un secteur à vocation internationale. Certains sous-secteurs ont également été éliminés vu leur vocation domestique: produits en béton et béton préparé, produits laitiers, boulangerie, boissons gazeuses.

De cette population a été tiré un échantillon de 826 entreprises réparties préalablement entre les différents groupes majeurs. Au cours de l'année 1976, un questionnaire leur fut expédié. Le questionnaire rassemblait des informations sur: les caractéristiques de la firme et de son produit; les marchés à l'exportation, les contraintes à l'exportation et la stratégie déployée par les firmes exportatrices; les efforts à l'exportation et les raisons évoquées par les firmes non exportatrices; ainsi que l'utilisation des divers services d'aide à l'exportation et la satisfaction des PME à cet égard. Sur les 826 firmes de l'échantillon, 339 questionnaires valides ont servi à construire la banque de données REDEX. Au total, celle-ci comportait 162 PME exportatrices et 177 PME cantonnées au marché intérieur.

Les recherches dont les résultats sont présentés dans les chapitres II et III s'appuient sur des sous-échantillons tirés de la banque de données REDEX de taille restreinte. Les techniques utilisées permettent cependant d'obtenir des résultats intéressants et statistiquement significatifs.

Les travaux ont pu être réalisés grâce à la collaboration du ministère du Commerce extérieur du Québec qui mit à la disposition des chercheurs la banque de données REDEX et qui les associa à plusieurs de leurs séminaires, en particulier ceux sur le diagnostic-export, à la faveur desquels certaines conceptions purent être éprouvées, amendées et approfondies. Les chercheurs remercient tout particulièrement MM. Jacques Girard, Jean Berard et leurs collaborateurs qui manifestèrent à l'égard de ces travaux à la fois un vif intérêt et une saine suspicion.

Ils expriment leur gratitude à l'École des Hautes Études Commerciales et à la Faculté des sciences de l'administration de l'Université Laval qui leur accordèrent un support administratif et financier, l'une par l'entremise de sa Direction de la recherche et de son Centre d'études en administration internationale, et l'autre, par son laboratoire de recherche. Enfin, ils expriment leur reconnaissance envers madame Claire Galdès pour avoir dactylographié plusieurs fois ces textes avec la plus grande minutie.

II La taille des firmes et la performance d'exportation *

Mireille Lessard et Jean-Émile Denis

Le rapport REDEX met en évidence différentes caractéristiques des PME québécoises face à l'exportation. Les données de REDEX permettent, entre autres, d'affirmer que les PME exportatrices sont de plus grande taille que les PME s'adressant exclusivement au marché local. En ce qui concerne la taille des PME exportatrices et leur performance à l'exportation, soit le rapport entre les ventes à l'exportation et les ventes totales, il n'est cependant pas possible d'en conclure que les firmes de petite dimension ont nécessairement une moins bonne performance dans les marchés d'exportation. Ce sera la question à laquelle on s'attaquera dans le cadre de cette étude.

REVUE DES PUBLICATIONS

Comment peut-on expliquer l'existence d'une relation entre ces deux variables? Hirsch et Adar[1] ont pratiquement été les seuls à élaborer un modèle théorique pour répondre à cette ques-

---

* Ce texte est tiré du travail de maîtrise en sciences de la gestion de Mireille Lessard, qui fut dirigée par Jean-Émile Denis, intitulé **La taille des firmes et la propension à exporter,** H.E.C., automne 1982.

(1) HIRSCH, S. et ADAR, Z. «Firm Size and Export Performance». **World Development.** Juillet 1974, vol. 2, n° 7, p. 41-46.

tion. Dans un premier temps, ils considèrent une situation où une firme opère dans un monde de certitude, c'est-à-dire d'absence de risque à l'exportation. Hirsch et Adar supposent alors que la firme possède un certain pouvoir monopolistique sur le marché intérieur, alors qu'elle doit affronter la concurrence au niveau international. Si elle maximise ses profits, elle vendra alors une certaine quantité sur le marché intérieur et une autre sur le marché étranger. Pour une firme de plus grande dimension, Hirsch et Adar constatent une croissance des ventes à l'exportation et le maintien des ventes intérieures au niveau initial car, à coût moyen égal, il est plus rentable pour la grande firme de vendre une quantité supplémentaire sur le marché extérieur plutôt que sur le marché intérieur, le revenu marginal sur ce marché étant décroissant. Selon le modèle de Hirsch et Adar, la performance à l'exportation de la grande firme — exprimée par le ratio des exportations sur les ventes totales — est donc supérieure à celle de la firme de plus petite dimension.

Dans un deuxième temps, Hirsch et Adar introduisent la notion de risque à l'exportation. Dans ce cas, les auteurs affirment que la performance à l'exportation des firmes de plus grande dimension est d'autant meilleure que l'une ou l'autre des conditions suivantes est respectée:

1- la détention d'information supplémentaire sur les marchés à l'exportation;

2- l'existence d'économies d'échelle dans la réduction du risque à l'exportation;

3- l'aversion moins prononcée à l'égard du risque.

Par analogie à la théorie du portefeuille, Hirsch et Adar prétendent par exemple que si cette dernière condition est respectée, la proportion des exportations sera plus grande. En d'autres mots, la proportion d'actifs plus risqués dans le portefeuille de la grande firme sera plus élevée.

Hirsch et Adar vérifient empiriquement leur modèle théorique. Toutefois, ne retenant que la variable «taille» en fonction de la propension moyenne à exporter, leur test empirique ne permet pas d'affirmer qu'à ressources égales — capacité technologique, qualité du management, etc. — la taille affecte positivement la propension à exporter.

A priori, à ressources égales, petites et grandes firmes n'ont-elles pas un même potentiel d'exportation? De plus, comment peut-on vérifier l'hypothèse que posent Hirsch et Adar, à savoir: l'aversion pour le risque est plus grande chez les firmes plus petites? Cela ne dépend-il pas de la perception du management? Le modèle de Hirsch et Adar ne démontre donc pas sans équivoque la relation entre la taille et la propension à exporter des firmes.

L'approche de Cavusgil est différente:

«*The confusion is likely to be eliminated if size is viewed as a 'concomitant' characteristic rather than a causative fact. The true relationship is not between size and the tendency to export, but it is between various characteristics which are usually associated with size.*»[2]

Selon Cavusgil, la PME doit surmonter plusieurs désavantages si elle désire exporter autant qu'une firme de grande dimension. Parmi ces désavantages, Cavusgil dénombre:

«*... absence of trained middle managers; preoccupation with day to day operation problems; little time for long term planning; limited financial resources.*»[3]

La taille en soi n'est donc pas un déterminant du rendement de l'exportation. Mais, toujours selon Cavusgil, pour autant qu'elle représente ces avantages, une relation entre la taille et la propension à exporter d'une firme peut exister.

Il vérifie empiriquement l'existence de cette relation à l'aide d'un échantillon de 473 PME manufacturières (250 employés et moins) du Wisconsin et obtient les résultats suivants concernant la taille:

«*It seems that size of firm has its strongest, and negative effect on only very small firms. Beyond a given size bigness does not improve a firm's probability to export so greatly. And for the question of increased export percentage (to total sales), size has little predictive power.*»[4]

L'analyse empirique de Cavusgil ne permet pas toutefois de rejeter l'hypothèse d'une relation entre la taille et la performance d'exportation, puisqu'elle ne distingue pas l'impact de la diversité intersectorielle de l'impact de la taille.

(2) CAVUSGIL, S.T. *Organizational Determinants of Firm's Export Behavior: An Empirical Analysis.* University of Wisconsin-Madison, 1976, p. 38.

(3) *Loc. cit.*

(4) CAVUSGIL, S.T. et NEVIN, J.R. «Internal Determinants of Export Marketing Behavior: An Empirical Investigation». *Journal of Marketing Research.* Février 1981, p. 169.

L'existence d'économies d'échelle constitue un facteur additionnel permettant d'envisager que la taille des firmes influence leur performance d'exportation. Hirsch distingue deux influences opposées des économies d'échelle:

> «*On the one hand, firms whose size is suboptimal or above optimum may not be efficient, and consequently may be unable to compete in the international markets, which are usually more competitive than domestic markets. On the other hand, firms may escape the consequence of a small domestic market by export. Size, then, could be both the cause and the effect of export performance.*»[5]

Quant à Jacquemin, Glejser et Petit[6], ils font l'hypothèse d'une corrélation négative entre les ventes d'exportation et les ventes intérieures dans le cas où les firmes cherchent à couvrir les économies d'échelle et font face à un marché local plutôt restreint.

Malheureusement, les données utilisées par Hirsch ou Jacquemin et collaborateurs pour vérifier empiriquement l'une ou l'autre de ces relations de cause à effet regroupent diverses industries et ne permettent pas d'isoler l'impact de la taille sur le niveau des exportations.

Roncin est pratiquement le seul auteur à rapprocher les caractéristiques industrielles notamment le niveau technologique des secteurs industriels — de l'impact de la taille sur la performance d'exportation. Il pose l'hypothèse que:

> «*Dans les secteurs à technologie élevée, et pour lesquels existe un seuil minimum d'engagement de ressources technologiques, les performances à l'exportation des entreprises sont d'autant plus élevées qu'elles sont grandes.*»[7]

Pour les autres secteurs, il considère qu'il n'y a pas de relation entre la dimension des entreprises et leur performance à l'exportation.

(5)　HIRSCH, S. *The Export Performance of Six Manufacturing Industries: A Comparative Study of Denmark, Holland and Israël.* Praeger Special Studies in International Economic and Development, 1971, p. 64.

(6)　JACQUEMIN, A., GLEJSER, H. et PETIT, J. «Exports in an Imperfect Competition Framework: An Analysis of 1446 Exporters». *Quarterly Journal of Economics.* Mai 1980, vol. 94, n° 3, p. 507-524.

(7)　RONCIN, A. *Technologie, dimension et performance à l'exportation des entreprises.* Sherbrooke: Institut de recherche en économie de la production, CNRS, mai 1981, p. 8.

En appliquant des tests de Wilcoxon sur un échantillon de firmes françaises de diverses tailles et exportant plus de 5 % de leur chiffre d'affaires en 1977, Roncin confirme ses hypothèses. Cependant, comme il se limite à considérer une seule variable micro-économique, soit la taille (donc de façon indirecte la capacité technologique de la firme), il est difficile d'affirmer que cette variable affecte la propension à exporter indépendamment d'autres facteurs.

D'autres chercheurs — notamment McGuiness et Little[8], Bilkey et Tesar[9] — se sont penchés sur la question, souvent dans le but plus large d'identifier les déterminants de l'exportation.

McGuiness et Little, intéressés principalement par le niveau technologique des industries et la relation entre la taille des firmes et la propension à exporter, tentent d'identifier les facteurs qui affectent cette relation dans le cas des firmes manufacturières québécoises et ontariennes ayant développé de nouveaux produits au cours des années 1971-1972. Tout en tenant compte à la fois des différences intersectorielles et intrasectorielles de l'échantillon, les auteurs ne trouvent aucune relation entre la taille des firmes et la propension à exporter.

Bilkey et Tesar utilisent l'échantillon de Cavusgil regroupant les PME manufacturières du Wisconsin. Ils découvrent entre autres que les firmes qui, de leur propre initiative, exportent expérimentalement sont deux fois et demi plus grandes que les firmes ayant été sollicitées pour exporter. Selon ces indications, la taille serait probablement une variable déterminante. Mais il est difficile d'en isoler les effets puisque les firmes étudiées par Bilkey et Tesar sont non seulement plus grandes, mais elles perçoivent aussi plus favorablement les avantages de l'exportation; elles sont gérées par des managers beaucoup plus dynamiques et qualifiés et elles identifient moins de barrières à l'exportation.

Bref, malgré l'abondance des recherches, la relation n'est pas évidente. Comme la plupart de ces recherches ne permettent pas d'isoler l'impact de la taille des variables qui lui sont corrélées — avance technologique, politique d'exportation, attitude favora-

(8) McGUINESS, N.W. et LITTLE, B. «The Influence of Product Characteristics on the Export Performance of New Industrial Products». *Journal of Marketing.* Printemps 1981, vol. 45, n° 2, p. 110-122.

(9) BILKEY, W.J. et TESAR, G. «The Export Behavior of Smaller - Size Wisconsin Manufacturing Firms». *Journal of International Business Studies.* Printemps-été 1977, vol. 8, n° 1, p. 93-98.

ble du management à l'égard de l'exportation —, il est donc difficile de savoir si une petite entreprise, détenant les ressources technologiques et une organisation aussi efficace qu'une firme de plus grande dimension du même secteur industriel, pourrait être aussi performante en ce qui concerne l'exportation. Le modèle développé ci-dessous tentera de répondre à cette question.

MÉTHODOLOGIE

Pour aborder la question de la relation possible entre la dimension des firmes et la performance d'exportation, un modèle a été élaboré. Celui-ci doit isoler la taille des autres déterminants de l'exportation tels que l'avance technologique, l'organisation du marketing international, etc. De plus, étant appliqué au sous-échantillon REDEX de PME de diverses industries, les caractéristiques intersectorielles influençant la propension à exporter de l'ensemble d'une industrie doivent être prises en considération.

Le modèle

Le choix des variables du modèle dépend essentiellement du pouvoir explicatif présumé pour chacune d'entre elles. Globalement, elles doivent expliquer le maximum de variations des valeurs prises à l'intérieur de l'échantillon par la variable dépendante «propension moyenne à exporter». Le modèle et les variables sélectionnés sont les suivants:

Propension moyenne à exporter = fonction (taille de l'entreprise, intensité relative en main-d'oeuvre et en capital de l'entreprise, ressources technologiques de l'entreprise, effort de marketing international de l'entreprise).

En s'inspirant de cette théorie, la variable «taille de l'entreprise» a été introduite afin de rassembler les effets de diverses composantes telles que la capacité d'obtenir du financement à plus ou moins bon compte et la capacité générale de l'équipe de gestion. Elle se veut indépendante des ressources technologiques et du niveau d'organisation de l'entreprise pour faire face aux opérations d'exportation. La taille est mesurée en fonction du chiffre d'affaires plutôt qu'en fonction du nombre d'employés, car ce dernier indice dépend largement du capital détenu par chaque entreprise. Le chiffre d'affaires des entreprises risque également de varier d'une industrie à l'autre, mais selon des analyses statistiques de l'échantillon ces variations sont négligeables dans le cas présent.

L'intensité relative en main-d'oeuvre et capital de chaque firme a été incorporée dans le modèle pour deux raisons. D'une part, elle vise à capter les différences intersectorielles au plan des exportations. Les recherches de Corbo et Martens[10] sur les exportations manufacturières du Québec démontraient en effet qu'il existe une relation négative entre les ventes à l'étranger et l'intensité en main-d'oeuvre des activités manufacturières. D'autre part, elle vise à isoler l'effet de la taille — mesurée en fonction des ventes totales — des effets de la composition des facteurs de production de chacune des firmes sur la valeur de leurs exportations.

La présence de la variable «technologie» (niveau des ressources technologiques de l'entreprise) s'appuie sur les résultats de recherches précédentes mettant en évidence l'existence d'une relation positive entre le niveau technologique et le rendement des firmes à l'étranger — exportation ou investissement direct à l'étranger[11]. Il existe une «concurrence non-prix» au niveau international qui résulte de la différenciation technologique. Et cette différenciation s'applique aussi bien au niveau intrasectoriel qu'au plan intersectoriel. Déjà, plusieurs études ont démontré la relation entre le niveau technologique d'une firme et sa performance à l'exportation[12]. Le rapport REDEX lui-même affirme que les firmes exportatrices ont un budget de recherche plus élevé que les firmes non exportatrices.

Dans cette perspective, la variable «technologie» vise donc à saisir l'influence de la différenciation technologique intrasecto-

(10) CORBO, V. et MARTENS, A. *Économie du Québec et choix politique.* CRDE, Les Presses de l'Université du Québec, 1979, 352 p.

(11) RONCIN, A. *Technologie, dimension et performance à l'exportation des entreprises.* Sherbrooke: Institut de recherche en économie de la production, CNRS, mai 1981, 26 p.

(12) Voir:
McGUINESS, N.W. et LITTLE, B. *Op. cit.*
McDOUGALL, G.A.G. et STENING, B.W. «Impact: Identification de l'exportateur à rendement élevé». *Commerce Canada.* Décembre 1975, vol. 126, p. 12-15.
CAVUSGIL, S.T. *Op. cit.*
BILKEY, W.J. et TESAR, G. *Op. cit.*
DANIELS, J.D. et GOYBURO, J. «The Exporter - Non Exporter Interface: A Search for Variables». *Foreign Trade Review.* Juillet-septembre 1976-1977, n° 2.

rielle sur la performance à l'exportation des petites et moyennes entreprises québécoises et à l'isoler de l'impact de la variable «taille», ces variables étant sans aucun doute corrélées. Pour estimer la différenciation technologique intrasectorielle, le nombre de brevets détenus par chaque firme sera utilisé comme indice de la capacité innovatrice des firmes. L'hypothèse est ici faite qu'une firme qui détient relativement plus de brevets peut fabriquer des produits innovateurs, donc plus susceptibles de jouir d'un avantage comparé sur les marchés étrangers[13].

L'effort de marketing international constitue aussi un facteur qui, selon des recherches antérieures[14], influence le comportement des firmes face à l'exportation. Mesurée par le nombre de jours/hommes affectés aux voyages de prospection des marchés étrangers[15], la variable «effort de marketing international» se veut d'abord le reflet de l'intérêt de l'équipe de gestion vis-à-vis de l'exportation. Elle illustre aussi un certain degré de planification des opérations d'exportation. Enfin, elle indique possiblement l'existence d'une politique de marketing international. La variable «effort de marketing international» vise donc à isoler l'impact des ressources en marketing international des différentes firmes, de l'influence de la taille sur la performance d'exportation[16].

Enfin, la variable dépendante du modèle, soit la performance d'exportation, est représentée par le ratio des exportations sur les ventes totales. Cet indice est le plus couramment utilisé dans la documentation. Il n'évalue pas sans faiblesse la performance d'exportation qui est relative aux objectifs fixés par la direction

---

(13) Firmes exportant moins de 10 % de leur chiffre d'affaires.

(14) CAVUSGIL, S.T. *Op. cit.*
et
BILKEY, W.J. et TESAR, G. *Op. cit.*
et
CUNNINGHAM, M.T. et SPIGEL, R.I. «A Study in Successful Exporting». *British Journal of Marketing.* Été 1971, p. 2-12.
et
HIRSCH, S. *Op. cit.*

(15) À noter que la majorité des firmes du sous-échantillon (75 %) ne détient aucun brevet et que, à l'exception du secteur industriel «divers», le nombre de brevets détenus ne varie pas d'une industrie à l'autre du sous-échantillon. L'impact des variations de la variable «technologie» sur la valeur des exportations pourra donc être considéré comme un impact résultant de différences intrasectorielles.

(16) La moitié des firmes du sous-échantillon n'ont jamais fait de mission de prospection des marchés à l'étranger.

des entreprises. Lors de l'interprétation des résultats, il faudra plutôt retenir que l'indice choisi reflète simplement le degré d'engagement des firmes dans des opérations d'exportation à un moment donné[17].

La combinaison de l'ensemble de ces variables dans la formulation mathématique du modèle prend la forme suivante:

$$X_i = b_0 + b_1 VTES_i + b_2 (L/K)_i + b_3 TECH_i + b_4 MNGT_i + e_i$$

où X_i = Valeur des ventes à l'exportation de la firme i ('000 $)

$VTES_i$ = Valeur des ventes totales de la firme i ('000 $)

$(L/K)_i$ = Ratio nombre d'employés / valeur aux coûts des immobilisations ('000 $) de la firme i

$TECH_i$ = Nombre de brevets détenus au Canada par la firme i

$MNGT_i$ = Nombre de jours/hommes affectés aux voyages de prospection de marchés étrangers par la firme i

La méthode de régression multiple sera utilisée pour vérifier empiriquement le modèle à l'aide des données se rapportant à l'année 1975.

La nature de l'échantillon

Les données utilisées pour explorer la relation entre la taille et la performance d'exportation proviennent de la banque de données REDEX. Seules les entreprises dites indépendantes dont le siège social est au Québec et les filiales québécoises d'entreprises dont la société mère a son siège au Québec ont été retenues pour former le sous-échantillon. Ce tamisage aura l'avantage d'éviter certains biais dans les résultats pouvant être dus aux contraintes d'exportation imposées à des filiales québécoises par leur société mère à l'étranger. Pour vérifier si la taille des firmes a une influence sur la propension moyenne à exporter, plutôt que sur la probabilité d'exporter, ne seront choisies que les firmes exportant au-delà de 1 % de leur chiffre d'affaires en 1975.

Le sous-échantillon regroupe au total 87 PME. La taille de ces firmes est relativement petite — un peu plus de la moitié ont moins de 100 employés, et principalement entre 30 et 75 employés. Le reste de l'échantillon se concentre parmi les clas-

---

(17) Selon les analyses statistiques, la variable «effort de marketing international» ne varie pas largement d'une industrie à l'autre du sous-échantillon et reflète plutôt des différences intrasectorielles.

ses de 101 à 250 employés, à l'exception de 9 firmes sur 87 qui dépassent le cap des 250 employés (voir le tableau 2.1).

TABLEAU 2.1: Ventilation de l'échantillon selon la taille des firmes exprimée en nombre total d'employés

	N	(%)
5-30	6	6,9
31-50	20	23,0
51-75	15	17,2
76-100	5	5,7
101-150	12	13,8
151-200	12	13,8
201-250	8	9,2
251-300	2	2,3
301-400	5	5,7
401-500	2	2,3
	87	(100)

En fonction du chiffre d'affaires (voir le tableau 2.2), 56,3 % des firmes de l'échantillon varient entre 1 et 5 millions de dollars, 13,8 % entre 0,5 et 1 million de dollars et 11,5 % entre 5 et 10 millions. Le chiffre d'affaires moyen s'élève à 4,7 millions de dollars.

TABLEAU 2.2: Ventilation de l'échantillon selon la taille des firmes exprimée en ventes totales ('000 $)

	N	(%)
2-50	1	1,1
51-100	0	0,0
101-500	5	5,7
501-1 000	12	13,8
1 001-5 000	49	56,3
5 001-10 000	10	11,5
10 001-20 000	6	6,9
20 001-30 000	3	3,4
30 001-40 000	1	1,1
	87	(100)

La ventilation de l'échantillon par niveau de propension moyenne à exporter indique que plus de la moitié (55 %) des firmes de l'échantillon exportent entre 1 et 10 % de leur chiffre d'affaires; 14 % en exportent entre 11 et 20 %; 8 % entre 21 et 30 %. Le reste de l'échantillon se répartit à peu près également entre les autres classes d'exportation (voir le tableau 2.3). Enfin, les firmes exportatrices se concentrent essentiellement dans les groupes majeurs des produits minéraux, du cuir, du textile, des aliments et des boissons (voir le tableau 2.4).

TABLEAU 2.3: Ventilation de l'échantillon par niveau de propension moyenne à exporter

	N	(%)
1 à 10 %	48	55,2
11 à 20 %	12	13,8
21 à 30 %	7	8,0
31 à 40 %	3	3,4
41 à 50 %	2	2,3
51 à 60 %	4	4,6
61 à 70 %	5	5,7
71 à 80 %	2	2,3
81 à 90 %	2	2,3
91 à 100 %	2	2,3
	87	(100)

TABLEAU 2.4: Ventilation de l'échantillon par groupe majeur

	N	(%)
Textile	12	13,8
Cuir	17	19,5
Aliments et boissons	11	12,6
Bois	10	11,5
Produits minéraux	24	27,6
Caoutchouc	3	3,4
Papier	4	4,6
Produits chimiques	1	1,1
Divers	5	5,7
	87	(100)

RÉSULTATS

Le modèle a été testé sous deux spécifications différentes, soit les formes linéaire et logarithmique. Deux sous-échantillons ont également été utilisés: le premier comprenant les 87 PME exportant au-delà de 1 % de leur chiffre d'affaires tel que mentionné précédemment, le deuxième sous-échantillon correspond au premier duquel ont été retranchées 20 firmes exportant moins de 5 % de leurs ventes totales. La forme logarithmique et le deuxième sous-échantillon ont donné les meilleurs résultats, soit:

$$\log X_i = b_0 + b_1 \log VTES_i + b_2 \log(L/K)_i + b_3 \log TECH_i + b_4 \log MNGT_i + e_i$$

Variable indépendante	Estimation du coefficient	Statistique «t»
constante	− 1,388	− 2,1601
log *VTES*	0,892	11,1060
log *(L/K)*$_i$	− 0,134	− 1,3342
log *TECH*	− 0,052	− 0,3083
log *MNGT*	0,200	2,7518

où

R^2 des valeurs logarithmiques = 0,6998 R^2 = 0,6804

R^2 des valeurs réelles = 0,3919

D-W = 2,1510

Écart type de la régression = 0,889481

Statistique F = 36,1244

Nombre d'observations = 67

Le modèle explique relativement bien les variations du niveau des exportations entre les différentes PME du sous-échantillon[18]. Selon les résultats obtenus, les variables «taille» et «effort de marketing international» influencent la performance d'exportation. Pour ce qui est de l'influence de la taille des firmes sur le niveau des exportations, il apparaît qu'une augmentation de 1 % de la dimension d'une firme mesurée en termes de chiffre d'affaires entraîne une augmentation de 0,89 % du volume de ses exportations. Le volume des exportations augmente donc avec la taille des firmes. Cependant, l'accroissement des exportations n'est pas proportionnel à l'accroissement du chiffre d'affaires des firmes. En termes de performance d'exportation, soit le ratio exportations/ventes totales, cela signifie que la propension moyenne à exporter décroît lorsque le chiffre d'affaires des PME augmente.

L'évidence statistique concernant les PME exportatrices ne permet donc pas de conclure que la dimension des firmes influence positivement leur propension moyenne à exporter. Ce résultat n'est pas surprenant. En fait, il est facile d'imaginer que les PME encourent plus de difficultés à atteindre un taux de croissance de leurs exportations aussi élevé que le taux de croissance de leurs ventes totales. Ce phénomène pourrait s'expliquer par le fait que les firmes québécoises ayant de 20 à 500 employés à leur service préfèrent accroître, dans la mesure du possible, leur part

---

(18) L'année 1975, dans le cas présent.

du marché au pays plutôt qu'à l'étranger, les opérations d'exportation pouvant être plus complexes et pas nécessairement plus rentables. Une deuxième explication pourrait également être déduite cette fois de la nature des industries couvertes par l'échantillon. Les secteurs du cuir et du textile du Québec n'étant pas concurrentiels sur les marchés internationaux de même que plusieurs produits d'autres secteurs couverts par l'échantillon — «les coûts de main-d'oeuvre au Québec étant perçus à la fois chez les exportateurs et les non-exportateurs comme le principal facteur limitatif de la croissance des exportations ou des exportations elles-mêmes»[19] —, les entreprises québécoises n'auraient que la possibilité d'accroître leur part du marché au Canada. Ce n'est que pour quelques produits plus concurrentiels (produits minéraux par exemple) que la relation positive entre la taille des firmes et la PME existerait.

Mais bien que la performance à l'exportation n'augmente pas aussi rapidement que le chiffre d'affaires des PME, l'analyse effectuée à partir des PME québécoises déjà engagées dans l'exportation démontre qu'un gouvernement peut favoriser l'accroissement du *volume* des exportations en encourageant la croissance de ses PME. Toutefois, les résultats indiquent par ailleurs que d'autres mesures risquent d'être plus efficaces si le gouvernement désire accroître la performance à l'exportation des PME. En effet, la mesure d'élasticité entre les niveaux des exportations et de l'organisation du marketing international montre bien que *pour un même niveau de ventes*, une firme engageant plus de ressources dans des voyages de prospection à l'étranger a une propension moyenne à exporter plus élevée: une augmentation de 1 % du nombre de jours/hommes consacrés aux voyages de prospection de marché entraîne une augmentation de 0,20 % des exportations, toutes choses étant égales par ailleurs. Ce résultat est d'ailleurs confirmé plus loin dans le chapitre V: la participation aux missions de prospection de marché étranger se révèle (conjointement avec la participation aux foires) un stimulant puissant pour l'expansion des exportations.

Ces conclusions se rapprochent de celles déduites des recherches empiriques menées par Cavusgil[20], Bilkey et Tesar[21]

---

(19) Chambre de commerce de la province de Québec. REDEX. *Recherche sur le potentiel d'exportation des entreprises québécoises.* 1977, p. 70.

(20) CAVUSGIL, S.T. *Op. cit.*

(21) BILKEY, W.J. et TESAR, G. *Op. cit.*

sur les petites et moyennes entreprises exportatrices du Wisconsin. D'une part, Cavusgil affirmait que, pour la question du *pourcentage des ventes exportées*, la taille n'est pas significative, tandis que Bilkey et Tesar concluaient que dans le stade d'exportation où les firmes expérimentent la vente à l'étranger[22] à des marchés «psychologiquement proches»[23], la taille n'est pas un élément déterminant. D'autre part, les recherches de Cavusgil et de Bilkey et Tesar laissaient plutôt entendre que la performance à l'exportation des petites et moyennes entreprises pouvait être améliorée entre autres par une «exploration systématique et la présence d'une politique établie concernant les exportations» et grâce au «dynamisme et à la qualité du management».

CONCLUSION

La recherche empirique sur la relation entre la taille des firmes et la performance d'exportation peut servir à mieux orienter les politiques gouvernementales d'expansion des exportations. Si l'objectif d'un gouvernement est simplement d'accroître le volume d'exportations des entreprises, le fait d'encourager la croissance de leur chiffre d'affaires peut s'avérer un moyen efficace, bien qu'indirect, d'atteindre cet objectif. Par contre, il ne doit pas s'attendre à voir s'améliorer la performance d'exportation de ces entreprises (en ce qui concerne la propension moyenne à exporter), si la seule politique visée à accroître la taille de chacune d'entre elles. Dans ce cas, d'autres politiques doivent être envisagées, notamment en ce qui a trait à la promotion des missions de prospection à l'étranger. Les chapitres qui suivent permettent également de penser qu'il serait opportun de concevoir des types différents de mesures de promotion des exportations à l'égard, d'une part, des PME qui expérimentent l'exportation et, d'autre part, des PME ayant déjà fait la conquête des marchés étrangers.

---

(22) Soit un coefficient de détermination pour les valeurs réelles de 39,19 %.

(23) C'est-à-dire moins de 10 % de leurs ventes totales sont exportées, soit près de 55 % de l'échantillon de petites et moyennes entreprises québécoises exportatrices (selon l'annexe 2.3).

BIBLIOGRAPHIE

BILKEY, W.J. «Integration of Literature on Export Behavior». *Journal of International Business Studies.* Été 1978, vol. 9, n° 1, p. 33-46.

BILKEY, W.J. et TESAR, G. «The Export Behavior of Smaller-Size Wisconsin Manufacturing Firms». *Journal of International Business Studies.* Printemps-été 1977, vol. 8, n° 1, p. 93-98.

CAVES, R. et JONES, R.W. *World Trade and Payments; An Introduction.* Boston: Little and Co., 574 p., p. 214.

CAVUSGIL, S.T. *Organizational Determinants of Firm's Export Behavior: An Empirical Analysis.* University of Wisconsin-Madison, 1976, 195 p. Thèse de doctorat.

CAVUSGIL, S.T. et NEVIN, J.R. «Internal Determinants of Export Marketing Behavior: An Empirical Investigation». *Journal of Marketing Research.* Février 1981, vol. 18, p. 114-119.

CAVUSGIL, S.T., BILKEY, W.J. et TESAR, G. «A Note on the Export Behavior of Firms: Exporter Profiles». *Journal of International Business Studies.* Printemps-été 1979, vol. 10, n° 1, p. 91-97.

Chambre de commerce de la province de Québec. REDEX. *Recherche sur le potentiel d'exportation des entreprises québécoises.* 1977, 107 p.

CORBO, V. et MARTENS, A. *Économie du Québec et choix politique.* CRDE, Les Presses de l'Université du Québec, 1979, 352 p.

CUNNINGHAM, M.T. et SPIGEL, R.I. «A Study in Successful Exporting». *British Journal of Marketing.* Été 1971, p. 2-12.

DANIELS, J.D. et GOYBURO, J. «The Export-Non Exporter Interface: A Search for Variables». *Foreign Trade Review.* Juillet-septembre 1976-1977, n° 2.

DENIS, J.-É., DULUDE, L. et LINDEKENS, E. *Le Potentiel d'internationalisation des produits manufacturés canadiens.* Cahiers du CETAI, février 1979, n° 79-02, 36 p.

HIRSCH, S. *The Export Performance of Six Manufacturing Industries: A Comparative Study of Denmark, Holland and Israël.* Praeger Special Studies in International Economic and Development, 1971, chap. 4.

HIRSCH, S. «Technology Factors in the Composition and Direction of Israël's Industrial Exports». *The Technology Factor in International Trade* (R. Vernon, dir.). New York: National Bureau of Economic Research, 1970, p. 365-409.

HIRSCH, S. et ADAR, Z. «Firm Size and Export Performance». *World Development.* Juillet 1974, vol. 2, n° 7, p. 41-46.

JACQUEMIN, A., GLEJSER, H. et PETIT, J. «Exports in an Imperfect Competition Framework: An Analysis of 1446 Exporters». *Quarterly Journal of Economics.* Mai 1980, vol. 94, n° 3, p. 507-524.

KLEINSCHMIDT, Elko, J. *Export Strategies, Firm Internal Factors and Export Performance of Industrial Firms: A Canadian Empirical Analysis.* Montréal: McGill University, Août 1980. Proposition de thèse de doctorat.

McDOUGALL, G.A.G. et STENING, B.W. «Impact: Identification de l'exportateur à rendement élevé». *Commerce Canada.* Décembre 1975, vol. 126, p. 12-15.

McGUINESS, N.W. et LITTLE, B. «The Influence of Product Characteristics on the Export Performance of New Industrial Products». *Journal of Marketing.* Printemps 1981, vol. 45, n° 2, p. 110-122.

MARVEL, H.P. «Foreign Trade and Domestic Competition». *Economic Inquiry.* Janvier 1980, vol. 18, n° 1, p. 103-122.

PAGOULATOS, E. et SORENSEN, R. «Domestic Market Structure and International Trade: An Empirical Analysis». *Quarterly Review of Economic and Business.* Printemps 1976, vol. 16, n° 1, p. 45-59.

RONCIN, A. *Technologie, dimension et performance à l'exportation des entreprises.* Sherbrooke: Institut de recherche en économie de la production, CNRS, mai 1981, 26 p.

TOOKEY, D.A. «Factors Associated with Success in Exporting». *Journal of Management Studies.* Mars 1964, p. 48-64.

WHITE, J.L. «Industrial Organization and International Trade: Some Theoretical Considerations». *The American Economic Review.* Décembre 1974, vol. 64, n° 5, p. 1013-1020.

III Les paramètres de l'expansion des exportations des PME manufacturières québécoises *

Jean-Émile Denis et Daniel Depelteau

Plus de deux décennies de recherches dans divers pays sur le comportement des firmes à l'exportation[1] ont contribué à développer un corpus de connaissances appréciables permettant de savoir d'une manière assez satisfaisante pourquoi les entreprises exportent ou n'exportent pas et quels sont les facteurs qui font qu'une firme exporte avec succès ou non. Trois types de facteurs ont fait l'objet de l'attention particulière des chercheurs: des variables d'attitudes (celles des gestionnaires des PME); des variables de l'entreprise (avantages comparés, ressources financières, commerciales, productives et technologiques, humaines et managériales); et des variables de l'environnement (conjoncture, caractéristiques des marchés étrangers, barrières non tarifaires, etc.).

---

*   Sous le titre «Export Expansion Profiles of Small and Medium-Sized Quebec Manufacturing Firms», ce texte est tiré de la conférence annuelle de l'Academy of International Business qui eut lieu à Montréal en septembre 1980.

(1) Si l'on prend comme point de référence l'ouvrage de:
    LINDER-BURENSTAM, L. *An Essay on Trade and Transformation.* New York: Wiley & Sons, 1961.

En dépit des faiblesses théoriques et méthodologiques souvent exprimées dans les publications professionnelles[2], il demeure que le consultant en gestion de l'exportation, le fonctionnaire chargé de la promouvoir ou le conseiller auprès d'institutions privées devant guider la PME vers la conquête des marchés étrangers peuvent s'appuyer, s'ils le désirent, sur un ensemble de connaissances remarquablement bien étayées[3].

Il est un domaine cependant où il reste beaucoup à faire, celui de l'étude du comportement dynamique des firmes à l'exportation. Ce point a été relevé par Johanson et Valhne[4] et plus récemment par Reid[5]. En effet, Reid note que rares sont les études qui ne sont pas de type purement statique. Il constate, d'autre part, avec Johanson et Valhne, que la continuité du processus d'internationalisation des firmes est insuffisamment prise en considération et que l'on tend à présenter l'activité d'exportation comme un phénomène discret dans lequel des paramètres différents sont associés à divers stades de développement des exportations.

LES QUESTIONS SOULEVÉES

Il s'agit d'identifier les principaux paramètres liés à l'expansion des exportations de la PME manufacturière québécoise. Au lieu de prendre en considération toutes les variables d'attitudes, de la firme et de l'environnement pouvant affecter cette expansion, on s'attachera plutôt à un certain nombre de facteurs liés à la recherche d'information sur les marchés étrangers et l'exportation en général jouant un rôle continu tout au long du processus d'expansion des exportations.

Situer le problème de recherche de cette façon soulève deux interrogations. La première: Comment s'insère conceptuellement la recherche d'informations dans le processus d'expansion de

---

(2) En particulier, récemment exprimé par:
REID, S. «The Decision Maker and Export Entry and Expansion». *Journal of International Business Studies.* Automne 1981, p. 101-112.

(3) Les recherches de Bilkey et Tesar (1977), Bilkey (1978), Cavusgil, Bilkey et Tesar (1979), Cavusgil et Nevin (1979) ont contribué à synthétiser les connaissances sur le comportement des firmes à l'exportation.

(4) JOHANSON, J. et VAHLNE, J.E. «The Internationalization Process of the Firms. A Model of Knowledge and Development and Increasing Foreign Market Commitments». *Journal of International Business Studies.* Printemps-été 1977, p. 23-32.

(5) REID, S. *Op. cit.*

l'exportation? La seconde: Quelles activités de recherche d'informations doit-on retenir?

La recherche d'information est conçue ici dans la perspective ouverte par Johanson et Valhne selon laquelle le développement de la connaissance des marchés est étroitement lié, par des relations simultanées, à des engagements sur les marchés (market commitments), des décisions d'engagement et des activités courantes (commitments decisions, current activities).

Transposer ce modèle en termes opérationnels n'est pas sans présenter quelques difficultés. Il peut s'avérer délicat, en effet, de distinguer les variables d'engagement sur des marchés de celles d'activités courantes. Sans faire abstraction de ces difficultés, deux principes seront gardés à l'esprit. D'une part, l'étude de l'expansion de l'exportation doit impliquer une prise en compte globale des activités d'exportation telles que traduites par le volume exporté, le rapport exportations/expéditions, l'évolution de ce rapport dans le temps, la diversification des marchés étrangers et la distribution géographique des exportations. D'autre part, la méthode statistique adoptée doit permettre aux relations simultanées présumées entre les variables en cause de s'exprimer le plus librement possible.

L'autre interrogation concerne les activités d'information proprement dites. Si l'on s'en tient à la classification des systèmes d'information en marketing proposée par Kotler et Turner[6], il y a deux types d'informations sur les marchés étrangers qui sont pertinents aux marchés étrangers: le renseignement et la recherche commerciale. *Stricto sensu*, la PME a rarement lieu de faire de la recherche commerciale, en particulier lorsqu'elle commence à exporter.

Quant au renseignement, il est de deux ordres, direct ou indirect. Le renseignement «direct» sur les marchés étrangers est obtenu lorsque les exportateurs s'informent sur les marchés étrangers auprès des institutions publiques ou privées spécialisées dans ce type de service. Il s'agira, par exemple, d'informations sur la taille et la croissance des marchés, les conditions d'accès, les modes de paiement en usage, les procédures et les exigences non tarifaires, etc., que l'entreprise tentera d'obtenir, par exemple, auprès des banques, du ministère du Commerce extérieur, etc.

---

(6) KOTLER, P. et TURNER, R.E. *Marketing Management, Analysis, Planning and Control.* 4e éd. can. Englewood Cliffs, N.J.: Prentice-Hall, 1981.

Le renseignement «indirect», quant à lui, est obtenu dans le cours des opérations commerciales avec les divers partenaires de l'entreprise, dans le cadre de relations d'affaires dont la principale raison d'être n'est pas d'informer mais de faciliter des échanges ou leur promotion. Il s'agit essentiellement des relations avec les services internationaux ou les représentations étrangères des banques, avec les transitaires internationaux, avec les intermédiaires à l'exportation (sociétés de commerce, agents exportateurs, etc.), ou encore à l'occasion de missions de prospection à l'étranger ou de participation à des expositions et foires internationales.

L'hypothèse est posée que le renseignement «indirect» joue un rôle beaucoup plus important que le renseignement «direct» et l'on s'efforcera d'identifier les types de renseignements «directs» les plus déterminants pour l'expansion des exportations des PME.

LA MÉTHODOLOGIE

De la banque de données REDEX[7] furent extraites les PME répondant aux conditions suivantes:

- Elles sont des firmes indépendantes avec leur siège social dans la province de Québec.
- La part des exportations dans les ventes totales s'est accrue au cours de la période 1970-1975.

Cinquante et une firmes de l'enquête REDEX satisfont à ces critères. Cet échantillon se divise en deux sous-groupes: les firmes n'exportant pas avant 1970 — les «nouveaux» exportateurs ($n = 36$) — et celles qui exportaient déjà avant 1970 — les exportateurs «expérimentés» ($n = 15$).

Les variables

Les dimensions caractérisant les deux sous-groupes sont les suivantes:

Les activités d'exportation (aspects statiques et dynamiques)

1. le volume d'exportation en 1975 (en milliers de dollars canadiens);

---

(7) Chambre de commerce de la province de Québec. REDEX. **Recherche sur le potentiel d'exportation des entreprises québécoises.** 1977, 107 p.

2. la variation dans la propension moyenne à exporter de 1970 à 1975 exprimée en points de pourcentage de variation absolue de la propension;

3. la distribution des exportations entre les États-Unis, les autres pays industrialisés (A.P.I.) et les pays en voie de développement (P.V.D.), exprimée en points de pourcentage des exportations totales;

4. la diversification des marchés étrangers exprimée à l'aide d'un indice $E_m = - \sum_{i=1}^{n} p_i \cdot \ln p_i$, où $\ln p_i$ est le logarithme de la part du marché i et n, le nombre de parts du marché[8].

Les activités de renseignement (direct et indirect)

1. le nombre de services publics et privés *utilisés sur une base régulière* (services d'information et de consultation, ministère de l'Industrie et du Commerce, services des délégués commerciaux, tant au niveau fédéral qu'au niveau provincial, services d'information fournis par les banques canadiennes et étrangères, les transitaires internationaux, les Chambres de commerce et les associations professionnelles (maximum $n = 8$));

2. le nombre de moyens de distribution utilisés pour pénétrer les marchés étrangers (négociants, courtiers, distributeurs, agents importateurs, exportation directe) *utilisés sur une base régulière* (maximum $n = 5$);

3. la participation à des expositions et des missions commerciales à l'étranger exprimée en nombre de jours/hommes par an.

Ces variables de base furent désagrégées en sous-variables du type 0-1 selon la procédure de codification logique de Burt[9].

La méthode statistique

Comme il le fut mentionné précédemment, il importait d'adopter une technique statistique qui, étant donné les relations

(8) Il s'agit d'une mesure d'entropie utilisée par:
HIRSCH, S. et LEV, B. «Sales Stabilization through Export Diversification». *The Review of Economics and Statistics.* Août 1971, p. 270-277.
(9) BURT, C. «The Factorial Analysis of Qualitative Data». *British Journal of Statistical Psychology.* 1950, vol. 3, n° 3, p. 165-185.

simultanées existant présumément entre les variables, laisserait en quelque sorte les données parler d'elles-mêmes. C'est pour cette raison que l'analyse des correspondances fut retenue dans cette étude[10]. L'application de cette technique permit d'isoler des grappes de firmes selon le rythme de croissance. D'autres outils statistiques furent ensuite utilisés pour tester la solidité des grappes et permettre une interprétation rigoureuse des relations entre variables.

L'ANALYSE ET LES RÉSULTATS

Trois profils d'expansion émergent de l'analyse de correspondance pour chacun des deux groupes d'exportations (nouveaux et expérimentés)[11] qui peuvent être caractérisés comme suit:

- L'expansion lente des exportations: la propension moyenne à exporter augmente de dix points de pourcentage ou moins.

- L'expansion moyenne des exportations: la propension moyenne à exporter augmente au moins de dix points de pourcentage et de vingt points au plus.

- L'expansion rapide des exportations: la propension moyenne à exporter augmente de plus de vingt points de pourcentage.

Les profils d'expansion des exportations

Les divers attributs de chacun des profils sont rassemblés dans le tableau 3.1 sur lequel s'appuient les interprétations qui suivent.

Les nouveaux exportateurs

Les exportateurs à expansion lente sont caractérisés par une forte orientation vers le marché américain et, fait remarquable, par une présence relativement forte sur les marchés des

---

(10) HILL, M.O. «Correspondence Analysis: A Neglected Multivariate Method». *Applied Statistics*. 1977, vol. 23, p. 340-354.

(11) Afin de tester la robustesse des regroupements, une analyse discriminante fut effectuée. Les tests statistiques de Mosteller et Bush (1954) ainsi que de Box (voir Mardia, Kent, Bibby, 1979) indiquent que les regroupements ne sont pas dus au hasard et que les profils sont indépendants au seuil de confiance de 1 %.

TABLEAU 3.1: Profils d'expansion des exportations

Groupes	Expansion	Augmentation dans la propension moyenne à exporter (1)	Volume d'exportation ('000 $)	Participation aux foires et missions (2)	Indice de diversification ($E_m \times 10^2$)	Nombre de services utilisés (3)	Nombre de modes de distribution (4)	U.S.A. (%)	Autres pays industrialisés (%)	P.V.D. (%)	Propension moyenne à exporter (%)	Volume d'expéditions ('000 $)
Nouveaux exportateurs	Lente	3,1	93,5	7,6	13,5	0,5	0,6	83,9	—	11,1	3,1	3 016,1
	Modérée	15,1	368,3	16,3	46,5	2,3	2,0	22,0	22,0	56,0	15,1	2 455,3
	Rapide	33,0	2 864,4	107,6	66,8	1,8	1,2	39,4	52,1	8,5	33,0	8 655,8
	Moyenne pondérée	13,0	839,2	34,4	33,4	1,2	1,0	60,4	17,4	22,2	13,0	4 319,9
Exportateurs expérimentés	Lente	3,0	494,3	3,3	35,4	1,4	1,0	66,7	4,0	29,3	9,9	4 992,9
	Modérée	12,0	1 905,0	5,0	84,5	2,0	1,0	81,5	13,6	4,9	92,0	2 070,7
	Rapide	32,5	3 625,0	41,0	95,5	2,5	2,0	76,7	20,8	2,5	60,0	6 041,7
	Moyenne pondérée	10,0	1 320,0	10,5	55,3	1,7	1,2	71,2	8,8	20,0	33,9	4 652,2

Colonnes regroupées sous VARIABLES : (1) à (4) et les deux volumes. Colonnes sous AUTRES CARACTÉRISTIQUES(5) : DISTRIBUTION DES EXPORTATIONS PAR DESTINATIONS (U.S.A., Autres pays industrialisés, P.V.D.), Propension moyenne à exporter, Volume d'expéditions.

(1) Nombre de points de pourcentage d'augmentation.
(2) En nombre d'heures/homme/année.
(3) Nombre maximum n = 8.
(4) Nombre maximum n = 5.
(5) Ces variables n'ont pas été incluses dans l'analyse des correspondances.

P.V.D. Toutefois ils demeurent de petits exportateurs. Ils s'appuient très peu ou de manière très irrégulière sur les services d'assistance à l'exportation publics ou privés. Un certain nombre d'entre eux n'utilisent aucun mode d'exportation sur une base régulière.

Les exportateurs à expansion modérée ou rapide présentent des profils nettement différents de ceux des exportateurs à expansion lente. La part des exportations de leurs ventes totales est beaucoup plus forte. La diversification des marchés est beaucoup plus élevée et l'importance relative des États-Unis beaucoup moins forte. Ils s'appuient plus sur les services publics et privés, ils ont recours à un plus grand nombre de modes de distribution et ils consacrent plus de temps aux foires et missions à l'étranger.

Les exportateurs à expansion rapide se distinguent des exportateurs à expansion modérée par leur taille qui est plus élevée, une plus forte diversification des marchés, un nombre de modes de distribution plus restreint, une plus grande part des exportations dans les ventes totales et un recours beaucoup plus substantiel aux foires et missions.

Les exportateurs expérimentés

Pour les exportateurs à expansion lente, l'exportation demeure une activité marginale. Leurs marchés sont peu diversifiés et ils dépendent assez fortement des P.V.D.

Par comparaison, les exportateurs à expansion modérée ou rapide concentrent leurs activités aux États-Unis et dans les autres pays industrialisés. Ils sont plus diversifiés et les exportations constituent une part très importante de leurs ventes totales.

Comme dans le cas des nouveaux exportateurs, la participation aux foires et missions est de beaucoup plus forte dans le cas des exportateurs à expansion rapide que dans celui des exportations à expansion lente ou modérée.

Les comparaisons entre les exportateurs nouveaux et expérimentés

Le passage d'un groupe à un autre reflète un processus d'apprentissage au cours duquel les entreprises accroissent la part des ventes exportées, la diversification des marchés, le nombre de services publics et privés utilisés, et très légèrement celui des modes de distribution. On constate par contre que la fréquentation aux foires et missions baisse avec l'expérience. Comme groupe, les exportateurs expérimentés ne sont pas de taille substantiellement plus importante. Ils semblent avoir redéployé leurs efforts des autres pays industrialisés et des P.V.D. vers les États-Unis qui constituent leur pays cible de loin le plus privilégié.

Les paramètres de la croissance

L'analyse des correspondances précédentes a permis d'identifier divers profils d'expansion ainsi que les variables qui y sont associées d'une manière statistiquement significative. Rien n'a été dit cependant sur la contribution relative de chacune de ces variables à l'expansion elle-même.

Afin d'étudier cette question, une analyse de régression a été effectuée dans laquelle le changement dans la propension à exporter (en points de pourcentage) est la variable dépendante, et les variables statistiquement significatives résultant de l'analyse des correspondances constituent les variables indépendantes. Les résultats sont présentés dans le tableau 3.2.

Trois variables indépendantes — participation à des foires et missions, diversification des marchés et nombre de services publics et privés utilisés — s'avèrent significatives (la dernière variable seulement pour les nouveaux exportateurs). Le nombre de moyens de distribution n'est pas significatif pour aucun des deux groupes.

Il apparaît que la diversification des marchés et la participation aux foires et missions ont une influence déterminante sur l'accroissement de la propension à exporter. L'effet de la diversification des marchés sur la croissance des exportations a déjà été démontré par Hirsch et Lev[12], et les présents résultats ne font que confirmer leurs conclusions. La participation aux foires et missions n'est généralement pas soulignée dans les recherches en marketing international[13], même si elle est loin d'être négligée par les praticiens de l'exportation. On constate aussi que la diver-

---

(12) HIRSCH, S. et LEV, B. «Foreign Marketing Strategies — A Note». *Management International Review*. 1973, vol. 13, n° 6, p. 81-88.

(13) Très peu d'études accordent aux foires et missions l'importance qu'elles méritent à titre de stimulant des exportations. Celles de Kirpalani et MacIntosh (1980) constituent une notable exception:
KIRPALANI, V.H. et MacINTOSH, N.B. «International Marketing Effectiveness of Technology-Oriented Small Firms». *Journal of International Business Studies*. Hiver 1980, p. 81-90.

TABLEAU 3.2: Résultats de la régression sur l'augmentation de la propension à exporter

Groupes	Mesures	Participation aux foires et missions	Indice de diversi-fication	Nombre de services utilisés	R^2	F	Nombre de frmes
Nouveaux exportateurs	Prédiction[1] Coefficient Écart type	7,4 0,206 (0,023)*	10,7 0,319 (0,050)*	− 4,6 − 4,013 (1,104)*	0,95	108,4*	20
Exportateurs expérimentés	Prédiction[1] Coefficient Écart type	4,5 0,431 (0,081)*	6,5 0,118 (0,026)*		0,94	70,9*	11

(1) Produit de la valeur moyenne de la variable indépendante par le coefficient de régression.
* Significatif au seuil de 1 %.

sification des marchés contribue plus à l'expansion des exportations que la participation aux foires et missions dans le cas des nouveaux exportateurs, et que c'est l'inverse dans le cas des exportateurs expérimentés.

Le recours aux services publics et privés ne joue un rôle significatif que dans le cas des nouveaux exportateurs, rôle dont l'importance ne vient qu'après celle de la diversification des marchés et de la participation aux foires et missions. Le signe négatif ne signifie pas que le recours au service d'information conduit à une baisse de la propension à exporter mais plutôt que lorsque la propension à exporter s'élève, le recours aux services publics et privés diminue. Ces derniers résultats correspondent bien à ce que l'on présume habituellement du comportement des PME exportatrices, à savoir que lorsqu'elles commencent à exporter elles tendent à recourir aux divers services mis à leur disposition et qu'une fois lancées dans l'exportation elles deviennent plus autonomes. Cette tendance est confirmée par le fait que cette variable n'est même pas significative dans la régression sur les exportateurs expérimentés.

LES IMPLICATIONS

Les résultats suggèrent plusieurs conclusions concernant les mesures prises ou à prendre par diverses instances, et en particulier les services gouvernementaux ou para-gouvernementaux, en ce qui a trait à la promotion des exportations des PME manufacturières québécoises.

L'information sur les marchés étrangers

Les services d'assistance et d'information fournis par les institutions publiques et privées ne sont pas en grande demande d'après cet échantillon. De surcroît, lorsque les entreprises y font appel il n'apparaît pas qu'un tel recours influence substantiellement le processus d'expansion des exportations. Comment peut-on alors réconcilier ces conclusions avec le fait que l'on rapporte fréquemment[14] les requêtes du monde des affaires pour de plus amples et de plus nombreux services d'information, et que les

---

(14) Voir par exemple le rapport de:
HATCH, R. *Report from the Export Promotion Review Committee Strenghtening Canada Abroad.* Ottawa, 1979.

pouvoirs publics annoncent en retour qu'ils envisagent de développer les services déjà offerts?

Ce paradoxe peut être abordé de diverses manières. Tout d'abord, le besoin d'information sur les marchés étrangers est plus vivement ressenti par les PME qui envisagent d'exporter que par celles qui exportent déjà, ces dernières ayant développé les moyens d'accès à l'information, nécessaire à l'intérieur de leurs réseaux de relations d'affaires. Deuxièmement, plus les entreprises exportatrices sont impliquées dans l'exportation, moins le recours aux sources d'information publiques ou privées semble affecter l'expansion des exportations. Mais il est probable aussi qu'au fur et à mesure de ce processus, les exigences des entreprises en matière d'information deviennent de plus en plus spécifiques et que les sources d'information additionnelles s'avèrent moins aptes à les satisfaire. Si les entreprises émettent des requêtes en matière d'information, c'est davantage en fonction d'une information plus pertinente et plus rapidement disponible que d'une information plus abondante. Les implications en ce qui concerne les politiques à suivre par les instances publiques en particulier seraient donc, d'une part, de faire la distinction entre les besoins des entreprises qui envisagent d'exporter et celles qui exportent déjà et, d'autre part, d'identifier les besoins d'information spécifiques des entreprises exportatrices, de veiller à les satisfaire plutôt que d'ajouter à l'abondance et à la redondance qui caractérisent déjà l'information existante.

La participation aux foires et missions

L'étude révèle le stimulant puissant qu'elle constitue pour l'expansion des exportations. Cette conclusion ne surprendra pas les praticiens de l'exportation pour qui la présence physique sur les marchés étrangers est une condition *sine qua non* du succès, car ils savent qu'à l'exportation, plus encore que sur les marchés intérieurs, la confiance est un facteur essentiel au développement des affaires et que cette confiance ne peut s'établir si les partenaires n'ont pas l'occasion de voir avec qui ils vont transiger, de juger *de visu* de la qualité des produits qu'on leur propose et si, du côté des exportateurs québécois, il n'est pas possible de prendre directement contact avec les marchés, d'en saisir les particularités et de se familiariser avec leurs us et coutumes. La participation aux foires et missions favorise donc l'expansion des exportations, et ceci, d'après les résultats de cette étude, plus au début des activités d'exportation qu'au moment où les entreprises sont devenues des exportateurs expérimentés.

Des conséquences importantes découlent de ces observations en regard des politiques gouvernementales de promotion des exportations. Si, comme les données l'indiquent, la participation aux foires et missions a un plus grand impact sur l'expansion des exportations que les recours aux services d'information, les instances gouvernementales devraient, dans ce cas, modifier l'allocation de leurs ressources en faveur des programmes d'assistance à la participation aux foires et missions et autres programmes visant à assister les entreprises directement sur le terrain (comme le service des délégués commerciaux). Il apparaîtrait plus opportun de développer des programmes, tels APEX et PEMDE, que d'imputer plus de ressources financières au développement de sources d'information dans le secteur de l'exportation. Ce qui n'exclut pas la possibilité d'améliorer ceux qui sont déjà offerts sans engager toutefois de dépenses supplémentaires.

Le recours aux intermédiaires du commerce international

Les firmes composant l'échantillon diversifient très peu les modes de distribution internationale. Plutôt que de sous-traiter la distribution à des intermédiaires spécialisés, elles préfèrent faire le travail elles-mêmes en dépit d'un vaste mouvement de diversification des marchés. Pourtant les résultats de cette étude suggèrent que la diversification des modes de distribution a un effet favorable important sur l'accroissement du volume d'exportation, en particulier pour les exportateurs expérimentés.

Ces constatations s'inscrivent dans la perspective du débat public ouvert au sujet des maisons de commerce au Canada et de la nécessité d'en développer le rôle par divers moyens dont la création d'une Société nationale de commerce. L'objet n'est pas de discuter ici du bien-fondé des formules qui ont été envisagées, mais d'insister sur le fait que les PME manufacturières québécoises n'ont pas suffisamment recours aux intermédiaires spécialisés du commerce international, soit parce qu'elles en ignorent les services, soit que tout en les connaissant elles les jugent, à tort ou à raison, insuffisants, insatisfaisants ou trop coûteux. Quelles que soient les raisons de la faible utilisation des services des intermédiaires spécialisés, ces derniers ainsi que les services publics devraient faire une promotion plus énergique des services que les maisons de commerce peuvent rendre à la PME québécoise exportatrice.

La diversification des marchés

La diversification des marchés s'avère dans cette étude la variable dont dépend le plus fortement l'expansion des exportations, qu'il s'agisse des nouveaux exportateurs ou des exportateurs expérimentés. Cela implique donc, pour l'entreprise ou pour le gouvernement misant sur une stratégie de croissance des exportations, la nécessité de développer les accès à d'autres marchés que celui qui est immédiat, à savoir le marché américain.

L'étude révèle cependant que la diversification des marchés ne saurait être de n'importe quelle nature pour porter fruit. En effet, il apparaît qu'en ce qui concerne la croissance, il ne paie pas d'entrer trop tôt dans des marchés plus difficiles, particulièrement dans ceux des pays en voie de développement. Il est par contre plus approprié de commencer par les pays les plus proches, tant en fonction de la distance physique que des usages commerciaux (donc les États-Unis et la plupart des autres pays industrialisés), et de poursuivre la diversification des marchés en abordant progressivement les marchés des P.V.D., en particulier ceux qui sont en croissance rapide.

Il reviendrait donc aux services publics, chargés de conseiller les PME exportatrices sur le choix des marchés à conquérir, de tempérer les ardeurs lorsqu'elles se tournent vers des marchés trop exotiques. En ce qui concerne la multiplication des représentations commerciales gouvernementales à l'étranger, les résultats de cette étude suggèrent que les marchés des pays plus développés devraient être adéquatement couverts avant d'ouvrir des bureaux dans les P.V.D., du moins à ce stade-ci du développement des PME québécoises exportatrices.

BIBLIOGRAPHIE

BILKEY, W.J. «An Attempted Integration of the Literature on the Export Behavior of Firms». *Journal of International Business Studies.* Printemps-été 1978, p. 33-46.

BILKEY, W.J. et TESAR, G. «The Export Behavior of Smaller-Sized Wisconsin Manufacturing Firms». *Journal of International Business Studies.* Printemps-été 1977, p. 93-98.

BURT, C. «The Factorial Analysis of Qualitative Data». *British Journal of Statistical Psychology.* 1950, vol. 3, n° 3, p. 165-185.

CAVUSGIL, S.T. et NEVIN, J.R. «International Determinants of Export Marketing Behavior: An Empirical Investigation». *Journal of Marketing Research.* Février 1981, vol. 18, p. 141-149.

HATCH, R. *Report from the Export Promotion Review Committee Strengthening Canada Abroad.* Ottawa, 1979.

HILL, M.O. «Correspondence Analysis: A Neglected Multivariate Method». *Applied Statistics.* 1977, vol. 23, p. 340-354.

HIRSCH, S. et LEV, B. «Foreign Marketing Strategies — A Note». *Management International Review.* 1973, vol. 13, n° 6, p. 81-88.

HIRSCH, S. et LEV, B. «Sales Stabilization through Export Diversification». *The Review of Economics and Statistics.* Août 1971, p. 270-277.

JOHANSON, J. et VAHLNE, J.E. «The International Process of the firms. A Model of Knowledge and Development and Increasing Foreign Market Commitments». *Journal of International Business Studies.* Printemps-été 1977, p. 23-32.

KIRPALANI, V.H. et MacINTOSH, N.B. «International Marketing Effectiveness of Technology-Oriented Small Firms». *Journal of International Business Studies.* Hiver 1980, p. 81-90.

KOTLER, P. et TURNER, R.E. *Marketing Management, Analysis, Planning and Control.* 4e éd. can. Englewood Cliffs, N.J.: Prentice-Hall, 1981.

LINDER-BURENSTAM, L. *An Essay on Trade and Transformation.* New York: Wiley & Sons, 1961.

MARDIA, K.V., KENT, J.T. et BIBBY, V.M. *Multivariate Analysis.* London: Academic Press, 1979.

MOSTELLER, F. et BUSH, R.R. «Selective Quantitative Techniques». *Handbook of Social Psychology* (Gardner Lindsey, dir.). Reading (Pennsylvanie), 1954, vol. 1.

REID, S. «The Decision Maker and Export Entry and Expansion». *Journal of International Business Studies.* Automne 1981, p. 101-112.

IV   Les relations

entre les maisons

de commerce et

les PME *

Jean-Émile Denis

La performance canadienne en matière d'exportation de produits finis est insatisfaisante en particulier en ce qui concerne les PME. À partir de ce constat, une nouvelle proposition fut récemment mise de l'avant, celle visant à créer une Société nationale de commerce dont le mandat serait précisément de promouvoir les ventes des PME à l'étranger et des produits manufacturés[1].

La perspective d'une nouvelle ingérence du gouvernement dans un fief traditionnellement réservé à l'entreprise privée n'engendra certainement pas l'enthousiasme des milieux d'affaires. Presque deux ans après le dépôt du rapport, le projet demeure toujours à l'étude. Il ne faudrait pourtant pas en conclure que ces travaux furent inutiles. Bien au contraire, ils attirèrent l'attention sur un instrument de promotion du commerce extérieur encore négligé au Canada, mais ayant déjà largement fait ses preuves (dans certains cas) depuis des décennies dans des pays aussi

---

*   Sous le titre «Promoting Export Trade through Trading Houses», ce texte est tiré de la conférence de l'International Marketing Workshop du Marketing Science Institute et de l'American Marketing Association qui eut lieu à Cambridge au Massachussetts, les 24 et 26 mars 1983.

(1) *Le Défi commercial du Canada.* Rapport du Comité spécial pour l'examen d'une Société nationale de commerce. Chambre des communes. Canada, Ottawa, juin 1981.

divers que le Japon, l'Australie, Israël, la Corée et le Brésil pour ne citer que les plus célèbres. Ils eurent aussi le privilège de stimuler l'intérêt à l'égard du secteur des maisons de commerce (MDC) lequel, en dépit de son rôle important dans le commerce extérieur, demeurait quasiment inconnu des pouvoirs publics.

Il existe pourtant plusieurs centaines de MDC au Canada, entre six cents et mille selon les estimations, localisées surtout à Toronto, à Montréal et à Vancouver, souvent très petites (une à trois personnes), parfois très importantes (des centaines de millions de chiffre d'affaires), souvent anciennes et bien implantées, parfois inexpérimentées et éphémères. Sans posséder dans ce domaine une expérience aussi substantielle que celle de certains pays industrialisés comme le Royaume-Uni, l'Allemagne fédérale ou la Hollande, le Canada fait cependant bonne figure par comparaison aux États-Unis où l'on estimait leur nombre, il y a quelques années, à un millier environ[2].

Pour aussi méconnues qu'elles soient, les MDC ne constituent pas le propos principal de ce texte. On cherchera plutôt ici à déterminer si elles peuvent contribuer à promouvoir les exportations de produits manufacturés des PME québécoises, de quelles manières, dans quels secteurs et dans quels marchés. Mais il faudra malgré tout dans un premier temps préciser la nature des MDC, distinguer les types de MDC, c'est-à-dire faire ressortir les profils des MDC comme précédemment on identifiait les profils d'expansion des exportations pour les PME manufacturières québécoises. La dernière partie de l'analyse se résumera donc à confronter les particularités de chaque profil de PME manufacturières avec celles de chaque profil de MDC, afin d'en tirer des conclusions en matière de promotion des exportations.

LA MÉTHODOLOGIE

Les considérations méthodologiques abordées ici ne touchent que les MDC. Les MDC de la région montréalaise furent étudiées dans le cadre d'une recherche sur la vocation internationale de Montréal[3], ayant pour objectif de cerner l'évaluation que divers agents économiques faisaient du potentiel de développement

---

(2) BRASCH, J.J. «Export Management Companies». *Journal of International Business Studies.* Printemps-été 1978, vol. IX, n° 1, p. 59-72.

(3) DENIS, J.-É. *La Vocation internationale — Les maisons de commerce et les transitaires internationaux.* Centre d'études en administration internationale, 1982.

international du Grand Montréal. À cet effet, une enquête fut réalisée auprès d'un échantillon de MDC montréalaises et c'est à partir de la banque de données ainsi constituée que l'analyse qui suit a été réalisée.

L'échantillon

D'après diverses sources, et en particulier le répertoire des Sociétés canadiennes de commerce extérieur établi par le ministère de l'Industrie et du Commerce[4], on peut estimer à une soixantaine le nombre des MDC établies dans la région montréalaise dont le chiffre d'affaires dépasse un million de dollars, qui n'agissent pas à titre principal comme la division internationale d'un producteur ou de plusieurs producteurs (comme dans le cas des consortiums à l'exportation), ou dont l'activité principale n'est pas l'importation ou l'exportation (afin d'exclure les entreprises de distribution nationale de gros et de détail).

L'enquête réalisée par entrevues s'est terminée en septembre 1981. Elle a porté sur trente-huit MDC répondant aux critères sus-mentionnés et couvre donc, à une dizaine d'entreprises près, l'ensemble des principales MDC établies dans la région montréalaise. Puisqu'au Québec ce genre d'activité est concentré à Montréal, l'enquête couvre donc de ce fait l'ensemble des principales MDC québécoises.

Les variables

Les MDC ont fait l'objet de bien peu d'études empiriques et les MDC du genre de celles que l'on retrouve au Canada moins encore[5]. Force est de constater que connaissant si mal ces entreprises, il est difficile ou prématuré de formuler et de tester des hypothèses quant à leur comportement. Il nous est donc apparu nécessaire, dans un premier stade, de tenter d'établir une typologie des MDC fondée sur aussi peu d'a priori que possible. De ce fait, les paramètres de comportement des MDC qui furent choisis sont relativement peu nombreux et de nature assez globale, dans l'ensemble.

---

(4) **Répertoire des Sociétés canadiennes de commerce extérieur.** Gouvernement du Canada, ministère de l'Industrie et du Commerce, Direction des services de distribution, janvier 1982.

(5) L'étude de Brasch (1978) est exceptionnelle. Elle se voulait une recherche exploratoire et n'a malheureusement pas fait l'objet de travaux plus poussés aux États-Unis depuis sa parution.

Neuf paramètres furent retenus. Deux variables ayant trait à la taille des entreprises (nombre total d'employés et proportion d'employés affectés à d'autres tâches que la vente), trois mesures de diversification des marchés d'exportation (un indice de diversification, la structure des exportations par destination ainsi que le nombre de banques utilisées), quatre variables touchant à la nature des activités des MDC (un indice de diversification des produits exportés, la structure des exportations par produits, un indice de diversification des services rendus par les MDC, la répartition du chiffre d'affaires entre le commerce d'exportation, d'importation et le commerce entre pays tiers).

La taille

Brasch constate que les MDC américaines sont dans la plupart des cas de taille inférieure à celle des entreprises pour lesquelles elles agissent. Il en est de même pour les MDC canadiennes et montréalaises, mais ce qui nous importe ici est de savoir dans quelle mesure la taille affecte la nature des MDC. On a préféré retenir comme mesure de la taille le nombre total d'employés plutôt que le chiffre d'affaires sujet à d'importantes erreurs de mesure. On a introduit une deuxième variable corrolaire de la taille, à savoir la proportion du personnel impliqué dans d'autres tâches que celle de la vente. Plus la taille des MDC est importante, plus on observe une spécialisation d'employés dans certaines tâches, en particulier celles de documentation, de transport et de recouvrement des créances.

La diversification des marchés d'exportations

Le degré de diversification a été mesuré à l'aide d'un indice $E_m = -\sum_{i=1}^{n} p_i \cdot \ln p_i$, où $\ln p_i$ est le logarithme des exportations destinées à un marché i et n le nombre de marchés. La structure des exportations par destination a constitué la deuxième variable de diversification des marchés, les exportations ayant été ventilées selon quatre destinations principales (États-Unis, Japon, autres pays industrialisés, pays en voie de développement).

Plus les marchés avec lesquels les MDC commercent sont nombreux, plus celles-ci sont amenées à accroître le nombre de banques avec lesquelles elles font affaire. C'est à ce titre que l'on a introduit le nombre de banques avec lesquelles les MDC transigent comme un indicateur de leur diversification des marchés d'exportation.

La nature des activités

Afin d'évaluer le degré de spécialisation sectorielle, les exportations des MDC ont été ventilées dans trois catégories principales (produits alimentaires, matières brutes non comestibles, matières travaillées et produits finis non comestibles). En plus d'obtenir ainsi la structure des exportations des MDC par catégories principales de produits, on a calculé d'autre part un indice de diversification par produit:

$$E_p = - \sum_{i=1}^{n} p_i \cdot \ln p_i,$$ où $\ln p_i$ est le logarithme du pourcentage des

exportations pour un produit i et n le nombre de produits.

Les services rendus par les MDC ont été regroupés dans trois catégories d'activités. D'une part, les activités de négociant par lesquelles les MDC acquièrent le titre de propriété des marchandises vendues; d'autre part, les activités de gestion d'exportation dans lesquelles elles jouent le rôle de directeur d'exportation, de représentant ou de consultant pour des entreprises productrices. Enfin, les autres activités comme celles de fournisseur pour le compte d'un acheteur étranger ou de participant à la réalisation d'un projet d'investissement à l'étranger.

À la variable structure des services rendus par les MDC ainsi obtenue, on a ajouté un indice de diversification des services

$$E_s = - \sum_{i=1}^{n} p_i \cdot \ln p_i,$$ où $\ln p_i$ est le logarithme de la valeur des ex-

portations par service et n le nombre de services.

La dernière variable portant sur la nature des activités des MDC est la répartition du chiffre d'affaires en pourcentage entre le commerce d'exportation, d'importation et entre pays tiers.

LA MÉTHODE STATISTIQUE

Le traitement statistique est le même que celui qui fut appliqué dans le chapitre III consacré à l'étude de l'expansion des exportations des PME manufacturières québécoises. Les variables de base furent désagrégées en sous-variables du type 0-1 selon la procédure de codification logique de Burt[6]. L'analyse des correspondances[7] fut utilisée pour identifier les profils de MDC. La classification résultant de l'analyse des correspondances fut soumise à l'analyse discriminante et au test de Box[8] afin de s'assurer de l'indépendance des regroupements. On vérifia que cette classification n'était pas due au hasard en effectuant le test de Mosteller et Bush[9].

L'ANALYSE DES RÉSULTATS

L'analyse des correspondances révèle trois profils statistiquement distincts de MDC (voir les tableaux 4.1 et 4.2).

1- Les MDC aux services diversifiés

Elles agissent certes d'abord à titre de négociant mais aussi dans une large mesure à titre de gérant d'exportation (et aussi d'agent et de consultant). De surcroît, une part appréciable de leurs revenus provient de leurs activités de fournisseur pour un acheteur étranger ou de participation dans des projets d'investissement. De petite taille, moins de six employés au total, elles sont peu diversifiées sur les marchés d'exportation. Elles sont surtout présentes dans les pays en voie de développement. Elles transigent avec un nombre restreint de banques, moins de deux en moyenne. Une part non négligeable de leur chiffre d'affaires provient du commerce entre pays tiers et de l'importation. Elles sont nettement spécialisées dans l'exportation des matières travaillées et des produits finis non comestibles.

2- Les MDC importatrices

Plus de 50 % de leur chiffre d'affaires provient de l'importation. À ce titre, elles tranchent catégoriquement avec les deux autres types de MDC. Elles sont de taille modeste, moins de vingt

(6) BURT, C. «The Factorial Analysis of Qualitative Data». *British Journal of Statistical Psychology.* 1950, vol. 3, n° 3, p. 165-185.

(7) HILL, M.O. «Correspondence Analysis: A Neglected Multivariate Method». *Applied Statistics.* 1977, vol. 23, p. 340-354.

(8) MARDIA, K.V., KENT, J.T. et BIBBY, V.M. *Multivariate Analysis.* London: Academic Press, 1979, p. 318.

(9) MOSTELLER, F. et BUSH, R.R. «Selective Quantitative Techniques». *Handbook of Social Psychology* (Lindsey Gardner, dir.). Reading, 1954, vol. 1.

TABLEAU 4.1: Profils des maisons de commerce résultant de l'analyse des correspondances[1]

Profils	Nombre d'employés total (n)	Proportion d'employés non commerciaux (%)	Indices de diversification des			Nombre de banques utilisées (n)	Part de CA provenant		Distribution du CA à l'exportation			
			services ($E_s \times 10^2$)	produits ($E_p \times 10^2$)	marchés d'exportation ($E_m \times 10^2$)		de l'importation (%)	du commerce entre pays tiers (%)	U.S.A. (%)	Japon (%)	Autres pays indust. (%)	P.V.D. (%)
I	5,9	51,0	62,4	41,6	10,1	1,9	20,7	24,1	0	28,6	0	71,4
II	18,3	70,7	41,7	50,3	21,0	3,8	54,3	5,7	0	60,0	38,8	1,2
III	26,8	70,4	19,3	22,4	126,9	3,1	9,8	30,1	5,8	18,8	48,8	26,6

(1) Les tests de Mosteller et Bush (= 4,5) ainsi que de Box (= 107,2) sont significatifs au seuil de 1% et attestent que les profils sont indépendants et que la classification n'est pas due au hasard.

TABLEAU 4.2: Autres caractéristiques des profils[1]

Profils	Distribution du CA par types de services offerts à l'exportation[2]			Distribution des exportations par catégories de produits		
	Négociant (%)	Gestion des exportations (%)	Autres (%)	Produits alimentaires (%)	Matières brutes non comestibles (%)	Matières travaillées et produits finis non comestibles (%)
I	46,0	42,6	11,4	0	17,9	82,1
II	63,4	15,8	20,8	17,8	20,0	62,2
III	82,0	5,5	12,5	80,0	9,0	11,0

(1) Ces variables n'étaient pas incluses dans l'analyse des correspondances.
(2) La gestion des exportations comprend les activités de gérant d'exportation, d'agent et de commissionnaire ainsi que de consultant. Les autres services incluent en particulier les activités de fournisseur pour un acheteur étranger et de participant pour des projets d'investissements à l'étranger.

43

employés en moyenne, mais déjà la proportion d'employés non-vendeurs est élevée (plus de 70 % en moyenne), ce qui laisse présumer d'importantes ressources humaines de support spécialisées (documentation, recouvrement, transport). En fonction des services offerts, elles agissent d'une manière prépondérante à titre de négociant et, relativement aux deux autres profils, beaucoup plus à titre de participant dans des projets d'investissements internationaux ou de fournisseur pour des acheteurs étrangers. Elles sont assez diversifiées du point de vue des produits transigés, mais les matières brutes non comestibles occupent une plus grande place dans leur chiffre d'affaires que dans celui des autres profils. Elles sont manifestement spécialisées à l'exportation, d'abord au Japon et ensuite dans les pays industrialisés autres que les États-Unis. À noter que leur réseau bancaire est le plus important des trois groupes avec 3,8 banques par MDC, en moyenne.

3- Les MDC négociantes-exportatrices

Elles se distinguent des autres MDC par l'importance de l'exportation dans leurs activités (60% en moyenne) et le fait qu'elles agissent beaucoup plus que les autres à titre de négociant à l'exportation. Leurs marchés étrangers sont les plus diversifiés, elles sont présentes partout dans le monde mais surtout au Japon et dans les autres pays industrialisés (et dans une faible mesure aux États-Unis). Le commerce entre pays tiers constitue une part importante de leurs revenus. Cet aspect, ainsi que la diversification élevée de leur marché d'exportation, explique pourquoi elles transigent avec un nombre élevé de banques. À une taille moyenne plus importante que celle des autres MDC (presque trente employés en moyenne) s'associe une forte proportion du personnel de support non-négociant (70,4 % en moyenne). Enfin, elles sont très nettement spécialisées dans le secteur des produits alimentaires qui constitue en moyenne 80 % de leur chiffre d'affaires.

LES IMPLICATIONS

Ces résultats suggèrent certaines conclusions concernant, d'une part, les liens possibles et souhaitables entre MDC et PME et, d'autre part, les politiques mises en oeuvre par les gouvernements pour promouvoir les exportations des PME manufacturières.

Les PME et les MDC

L'étude des paramètres de l'expansion des exportations présentée dans ce chapitre fait ressortir quelques caractéristiques fondamentales des PME. Elles ont tendance à ne recourir que faiblement aux MDC et préfèrent adopter une stratégie d'exportation directe, même lorsqu'elles débutent à l'exportation ou qu'elles s'attaquent à des marchés étrangers lointains et difficiles d'accès. Leur propension à diversifier rapidement les marchés étrangers est forte en dépit de leur inexpérience relative et d'une carence d'informations qu'elles compensent par de fréquents et coûteux séjours sur les marchés étrangers, du moins pour celles qui jouissent d'une croissance rapide de leurs exportations.

Ce portrait succinct ne fait certainement pas justice à l'ensemble des PME, ne serait-ce que parce qu'il ne s'applique qu'aux PME qui ont réussi à l'exportation, c'est-à-dire dont le pourcentage des expéditions totales exportées est en croissance. Il donne cependant à penser qu'un lien plus étroit entre les MDC et les PME aurait intérêt à se développer, au bénéfice de ces dernières. Les MDC pourraient offrir leurs services spécialisés aux PME qui dans bien des cas n'ont pas les ressources nécessaires pour les acquérir, ou qui, si elles les ont, pourraient peut-être les utiliser plus efficacement dans d'autres domaines.

Quels types de MDC conviendraient le mieux aux PME? La comparaison des profils de PME et de MDC permet de tirer quelques conclusions sur ce point. On l'a vu, la PME québécoise tend à s'attaquer plutôt rapidement aux marchés des P.V.D. Notons que ce sont les petites MDC qui sont les plus spécialisées sur ces marchés. Ce sont aussi ces petites MDC qui offrent la plus grande diversification d'activités et qui seraient les plus aptes à offrir aux PME les conseils en exportation et, en particulier, l'effort de marketing international dont elles ont besoin. Ajoutons enfin que ces petites MDC sont plus spécialisées dans le commerce des produits finis non comestibles que les autres MDC. Il est donc possible de conclure que le lien devrait s'effectuer plus naturellement (dans l'état actuel des choses, en tout cas) entre les petites MDC et PME qu'entre ces dernières et les autres MDC (donc celles qui selon nos profils sont de plus grande taille, surtout importatrices ou, de manière prépondérante, négociantes-exportatrices). L'exception majeure à ce principe est le cas des PME du secteur des produits alimentaires, surtout lorsqu'ils sont destinés aux pays industrialisés (sauf les États-Unis). Ce sont alors les MDC de plus grande taille et agissant de surcroît surtout à titre de négociant, qui sont les mieux placées pour ce genre de produits et de marchés. On notera au passage qu'en ce qui concerne les États-Unis, les MDC y exportent fort peu. Étant donné la proximité de cet important marché et la comparabilité des usages commerciaux avec ceux du Canada, la stratégie de pénétration directe par les PME devrait le plus souvent l'emporter sur le recours à un intermédiaire.

Les MDC et la promotion des exportations

Au cours des dernières années on a vu se développer, tant au niveau fédéral qu'au niveau provincial, un légitime souci de promouvoir les exportations des PME manufacturières. Au niveau fédéral, comme on l'évoquait au début de ce texte, on envisagea la création d'une «SOGOSHOSHA» d'état canadienne. Au Québec, le gouvernement annonçait récemment la mise en oeuvre de programmes d'incitation à la création de consortiums d'exportation[10]. Ces deux propositions méritent quelques réflexions à la faveur des évidences rassemblées dans cet ouvrage, tant en ce qui concerne les PME qu'en ce qui a trait aux MDC.

Le projet fédéral

La Société nationale de commerce envisagée par le gouvernement fédéral aurait, en plus des activités d'investissement à l'étranger, de substantielles activités d'import-export et de commerce tripartite. À vrai dire, le gouvernement envisage qu'après cinq ans d'existence, elle devrait atteindre un chiffre d'affaires d'au moins deux milliards de dollars, répartis à peu près également entre les investissements et le commerce. Sans porter de jugement sur le bien-fondé de telles prévisions, on peut toutefois craindre qu'une MDC d'une telle envergure ne soit pas le médium approprié de promotion des exportations de produits manufacturés par nos PME. En effet, comme on l'a vu antérieurement, la PME a plus besoin d'expertise en marketing international qu'en «trading». Or, on constate que plus la taille des MDC augmente, moins elles ont tendance à s'adonner à des activités de gestion des exportations et plus elles s'orientent vers le «trading» proprement dit de produits non différenciés, comme les matières brutes, ou peu différenciés, comme les produits alimentaires. Il serait donc à

---

(10) **Bâtir le Québec II — Le virage technologique.** Gouvernement du Québec. 1982.

craindre qu'une éventuelle Société nationale de commerce concurrence inutilement au départ les MDC privées existantes pour, en fin de compte, négliger les intérêts des PME qu'on lui demandait de servir à l'origine. À nos yeux, l'option consistant à renforcer les MDC existantes que le gouvernement a jusqu'à maintenant rejetée aurait plus de mérite que celle de la création d'une Société nationale de commerce.

Le projet de la province de Québec

Partant du même constat que le gouvernement fédéral, celui de la province de Québec envisage un moyen différent de promotion des exportations des PME, en l'occurrence le regroupement de manufacturiers dans le cadre de consortiums permanents d'exportation.

Les consortiums sont répandus dans de nombreux pays, les pays européens et scandinaves en particulier, et y connaissent un succès certain. Il est donc légitime de tenter de promouvoir une telle formule au Québec. Celle-ci présente cependant deux obstacles majeurs. D'une part, ils sont lents à mettre en place et s'avèrent souvent éphémères. D'autre part, ils nécessitent ou bien l'acquisition de personnel spécialisé dans le commerce extérieur, ou bien le développement progressif des compétences requises au gré des opérations internationales.

Pour ce qui est de ce dernier point, il semble que le projet gouvernemental tout en étant maintenu pourrait être réorienté en direction des MDC. Celles-ci ont en effet l'expertise internationale requise et, dans certains cas, la connaissance des produits en cause. Elles pourraient donc agir comme le service d'exportation des PME qui accepteraient de se regrouper en vue d'attaquer les marchés étrangers. La formule aurait comme autre avantage d'accroître l'efficacité des maigres ressources humaines rompues aux techniques du commerce international disponibles dans la province, plutôt que de les disperser dans un plus grand nombre d'entreprises.

L'approche américaine

Les préoccupations américaines en matière de commerce extérieur s'apparentent dans bien des cas à celles du Canada et de ses provinces, car «... les États-Unis comptent quelque 20 000 PME manufacturières et agricoles qui disposent d'un potentiel d'exportation mais qui n'exportent pas[11]». Il est intéressant de comparer les moyens envisagés par les États-Unis pour remédier à ce problème avec ceux que nous venons d'évoquer pour le Canada et le Québec.

L'*Export Trading Company Act* de 1982 vise à élargir le *Webb Pomerene Act* de 1918 qui protégeait les associations d'exportateurs contre les atteintes de la législation antitrust américaine au bénéfice de toutes les MDC. Sont particulièrement visées par ces nouvelles dispositions les petites MDC, communément appelées Export Management Companies, en faveur desquelles des dispositions bancaires spécifiques ont été prises.

Reconnaissant le manque de ressources financières des MDC et leurs difficultés à obtenir du financement[12], la loi de 1982 autorise leur participation au capital des MDC à concurrence de 5 % du capital des banques et de 100 % du capital-actions des MDC, à condition que le Federal Reserve Board ait donné son autorisation[13].

Même si ces mesures ne constituent pour certains observateurs que des «dé-réglementations» partielles[14], elles risquent d'avoir un puissant effet de stimulation des exportations américaines. Elles vont en effet encourager la croissance de centaines de petites MDC en leur donnant accès non seulement aux ressources financières des banques mais aussi à leur réseau d'information sur les marchés étrangers, probablement l'un des plus étendus sinon des plus efficaces qui soit.

Si l'on compare les mesures envisagées au Canada avec toutes celles qui ont été adoptées aux États-Unis[15], il est difficile de ne pas conclure que ces dernières sont plus réalistes, probablement moins coûteuses pour la collectivité, qu'elles mettent mieux

---

(11) LEWIS, D.R.A. «The Proposed Export Trading Company Act of 1980: An Amendment to the Webb Pomerene Act». *Journal of International Law and Economics.* 1981, vol. 15, n° 2, p. 465-491.

(12) LUTZKY, B. «The Proposed Export Trading Act of 1980: Bank Ownerships Provisions». *Journal of International Law and Economics.* 1981, vol. 15, n° 2, p. 493-517.

(13) SCOUTON, W. «Export Trading Companies — A New Tool for American Business». *Business America.* Octobre 1982, p. 3-7.

(14) LEWIS, D.R.A. *Op. cit.* p. 491.

(15) Aux dispositions légales et bancaires, il faut ajouter celles concernant la promotion des MDC par le Département du commerce, la création d'un programme de garantie pour les MDC à L'EXIMBANK, et la libéralisation des règles concernant la négociabilité du papier commercial.

en valeur les compétences existantes, qu'elles favorisent mieux l'intégration de divers segments de l'économie privée et que, en fin de compte, elles risquent d'avoir un plus grand effet d'entraîne-ment sur les exportations, entre autres, des PME manufacturiè-res.

BIBLIOGRAPHIE

Bâtir le Québec II — Le virage technologique. Gouvernement du Québec. 1982.

BRASCH, J.J. «Export Management Companies». *Journal of International Business Studies.* Printemps-été 1978, vol. IX, n° 1, p. 59-72.

Le Défi commercial du Canada. Rapport du Comité spécial pour l'examen d'une Société nationale de commerce. Chambre des communes. Canada, Ottawa, juin 1981.

DENIS, J.-É. *La Vocation internationale de Montréal — Les maisons de commerce et les transitaires internationaux.* Centre d'études en administration internationale, 1982.

LEWIS, D.R.A. «The Proposed Export Trading Company Act of 1980: An Amendment to the Webb Pomerene Act». *Journal of International Law and Economics.* 1981, vol. 15, n° 2, p. 465-491.

LUTZKY, B. «The Proposed Export Trading Act of 1980: Bank Ownerships Provisions». *Journal of International Law and Economics.* 1981, vol. 15, n° 2, p. 493-517.

MARDIA, K.V., KENT, J.T. et BIBBY, V.M. *Multivariate Analysis.* London: Academic Press, 1979.

MOSTELLER, F. et BUSH, R.R. «Selective Quantitative Techniques». *Handbook of Social Psychology* (Lindsey Gardner, dir.). Reading, 1954, vol. 1.

Répertoire des Sociétés canadiennes de commerce extérieur. Gouvernement du Canada, ministère de l'Industrie et du Commerce, Direction des services de distribution, janvier 1982.

SCOUTON, W. «Export Trading Companies — A New Tool for American Business». *Business America.* Octobre 1982, p. 3-7.

V Les relations entre les transitaires internationaux et les PME *

Jean-Émile Denis

Les ouvrages traitant de marketing international ou d'exportation reconnaissent habituellement l'importance du rôle que jouent les transitaires dans le commerce international. Une bonne partie des marchandises exportées ou importées passent par leur entremise, de l'expéditeur aux transporteurs ou des transporteurs au destinataire. Au-delà de ces généralités, peu de gens, si ce n'est ceux du métier, pourraient préciser leurs diverses fonctions. On connaît mal leur contribution à l'activité économique nationale et la documentation sur le sujet est de nature essentiellement technique. Enfin, c'est un secteur qui n'a pas particulièrement attiré l'attention des chercheurs ou de ceux qui s'intéressent à la promotion des exportations.

Cette situation est paradoxale car avec les banques, les transitaires sont les intermédiaires privés qui dans le commerce international ont une influence déterminante sur la capacité d'exporter des entreprises. En effet, la dissémination de leurs bureaux de représentants à l'étranger leur fournit un réseau d'information parfois plus étendu que celui des délégués commerciaux ou des

---

*   Sous le titre «The International Freight Forwarders and their Relationship with Small and Medium-Sized Manufacturing Firms», ce texte est tiré de la conférence annuelle de l'ASAC (University of British Columbia) qui eut lieu à Vancouver, les 30 et 31 mai 1983.

banques, et pourtant moins fréquemment utilisé par les entreprises que ceux de ces derniers. Il demeure cependant que c'est de leur efficacité dans le choix et l'agencement des modes de transport que dépendra la capacité concurrentielle des produits exportés, l'incidence du coût de transport l'emportant souvent sur celle du coût des marchandises dans l'obtention d'un contrat.

Si l'objectif fondamental de ce texte est de cerner la contribution que le secteur des transitaires internationaux peut apporter au développement des exportations des PME, il est nécessaire, étant donné la méconnaissance qui les caractérise, de procéder dans un premier temps à une analyse de leurs activités. L'approche sera donc similaire à celle employée dans le chapitre IV pour étudier les maisons de commerce et leurs relations avec les PME.

LA MÉTHODOLOGIE

Comme les MDC, les transitaires internationaux furent analysés dans le cadre d'une recherche sur la vocation internationale de Montréal[1]. Un questionnaire fut alors développé portant sur les diverses caractéristiques des entreprises montréalaises, leurs fonctions, leurs activités sectorielles et géographiques et leurs relations avec divers agents économiques de la région.

Selon l'Association canadienne des transitaires internationaux (CIFFA), 56 de ses 105 membres se sont établis à Montréal en 1981[2]. Un questionnaire fut soumis lors d'entrevues à vingt-sept transitaires et/ou courtiers en douane de Montréal (ces deux activités étant souvent difficilement dissociables). L'échantillon se répartissait entre quatorze entreprises dont le bureau principal est à Montréal, six à Toronto et une à Vancouver. Il restait six opérateurs indépendants. Il tendait donc à sur-représenter les entreprises de grande taille au détriment des petites.

Après avoir testé le questionnaire auprès de représentants de l'industrie, celui-ci fut suivi d'entrevues auprès des cadres des entreprises de transit international durant l'été 1981.

---

(1) DENIS, J.-É. *La Vocation internationale de Montréal — Les maisons de commerce et les transitaires internationaux.* Centre d'études en administration internationale (CETAI), 1982.

(2) Les transitaires furent sélectionnés à partir de Transportation Guide (1980) et du répertoire des membres de la CIFFA (Canadian International Freight Forwarders Association, 1981).

LES VARIABLES

À partir des informations recueillies durant l'enquête, les paramètres suivants ont été extraits aux fins de la présente analyse:

— taille = nombre total d'employés;

— diversification des marchés = un indice de diversification[3] $E_m = - \sum_{i=1}^{n} p_i \cdot \ln p_i$, où $\ln p_i$ représente la part du chiffre d'affaires par pays et n le nombre de pays;

— diversification des services offerts = un indice de diversification $E_s = - \sum_{i=1}^{n} p_i \cdot \ln p_i$, où $\ln p_i$ représente la part du chiffre d'affaires par types de services et n le nombre de types de services;

— diversification des clients = un indice de diversification

$$E_c = - \left(0,75 \ln \frac{0,75}{n_{0,75}} + 0,25 \ln \frac{0,25}{n_{0,25}} \right)$$

où $n_{0,75}$ est le nombre de clients constituant 75 % du chiffres d'affaires et $n_{0,25}$ le nombre de clients constituant les 25 % du chiffre d'affaires restant;

— répartition en pourcentages du chiffre d'affaires par types de services (directement liés au transport, indirectement liés au transport, activités de commerce international);

— répartition des pourcentages du CA à l'exportation par zones géographiques (Amérique du Nord, Europe, Asie, autres).

La définition est la mesure de ces variables qui n'ont pas posé de difficultés, sauf en ce qui concerne les services des transitaires sur lesquels il est bon de s'attarder quelques instants.

L'examen de la documentation spécialisée sur les transitaires[4] révèle un très faible degré de consensus entre les divers

---

(3) L'indice a été introduit et utilisé dans le chapitre III.

(4) Voir:

MURR, A. *The Foreign Freight Forwarder.* Studies in Public Utilities and Transportation. New York: New York University, 1947, n° 2 (suite p. 54).

auteurs quant à la nature des activités des transitaires internationaux. Pour remédier à cette difficulté, une classification exhaustive des services offerts par les transitaires fut établie, soumise au jugement des praticiens et corrigée en conséquence. Il en résulta une liste de services et les regroupements en trois catégories suivantes:

— *Les activités propres au transport*
  - Réservation d'espace auprès des compagnies de transport
  - Groupement (consolidation)
  - Location de conteneurs
  - Positionnement de conteneurs
  - Remplissage des conteneurs
  - Service de transport à domicile

— *Les activités connexes au transport*
  - Dédouanement
  - Empaquetage d'exportation
  - Inspection et contrôle de la marchandise
  - Documentation
  - Entreposage
  - Assurance maritime
  - Consultation en matière de transport

— *Les activités de commerce international*
  - Identification de clients potentiels pour l'importation ou l'exportation
  - Conseil en marketing international
  - Facturation pour le compte de l'exportateur
  - Recouvrement des créances
  - Extension de crédit

HILL, D.J. *Freight Forwarders.* London: Stevens & Sons, 1972.

Canadian Transport Commission, Economic and Social Analysis Branch, The Freight Forwarding Industry in Canada. Mimeograph. Mai 1975, 15 p.

WIGHTWICK, R. «Forwarders Open Doors to International Markets». *Canadian Transportation and Distribution Management.* Février 1979, p. 27-29.

Transportation Guide, Canadian Transportation and Distribution Management. Juillet 1980.

À titre indicatif, il s'avère que les activités propres et connexes au transport constituent la plus grande part du chiffre d'affaires des transitaires internationaux. Pour certains d'entre eux cependant, les activités de commerce international sont loin d'être insignifiantes[5].

LA MÉTHODE STATISTIQUE

L'objectif n'étant pas de tester des hypothèses spécifiques mais plutôt de tenter de regrouper les transitaires en groupes dominants et indépendants, la technique statistique adoptée est l'analyse des correspondances, comme ce fut le cas pour l'étude de l'expansion des exportations de PME (chap. III) et pour celle des maisons de commerce (chap. IV).

L'ANALYSE DES RÉSULTATS

De l'analyse des correspondances il ressort que les transitaires se classent en trois catégories distinctes[6], présentées dans le tableau 5.1.

Le profil I est constitué d'entreprises dont les activités principales sont propres au transport (réservation d'espace auprès des compagnies de transport, groupement, location et positionnement de conteneurs, etc.). Dans le profil II, on retrouve les transitaires voués d'une manière prédominante aux activités connexes au transport (dédouanement, empaquetage, exportation, inspection et contrôle de la marchandise, documentation, etc.). Quant au profil III, il rassemble les transitaires ayant des activités diversifiées, c'est-à-dire non seulement propres ou connexes au transport mais aussi de commerce international (identification de clients potentiels, conseil en marketing international, facturation pour le compte de l'exportateur, recouvrement des créances et extension de crédit).

Les transitaires du profil I dont les activités principales sont propres au transport sont de plus petite taille que celles constituant les deux autres profils (moins de trente-deux employés au total, en moyenne). L'indice de diversification des activités révèle

---

(5) DENIS, J.-É. *Op. cit.* p. 48-49.

(6) Afin de tester la solidité des regroupements, une analyse discriminante fut effectuée. Les tests de Mosteller et Bush ainsi que de Box (voir le chapitre III) révèlent que les regroupements ne sont pas dus au hasard et que les profils sont indépendants respectivement aux seuils de 1 % et 10 %.

TABLEAU 5.1: Profils des transitaires internationaux: résultats de l'analyse des correspondances

Profils	Nombre total d'employés (n)	Indice de diversification des activités ($E_s \times 10^2$)	Répartition du chiffre d'affaires par catégories et activités			Indice de diversification des clients ($E_c \times 10^2$)	Indice de diversification des marchés ($E_m \times 10^2$)	Répartition des exportations par régions			
			Propres au transport (%)	Connexes au transport (%)	Commerce international (%)			Amérique du Nord (%)	Europe (%)	Asie (%)	Autres (%)
I	31,6	160,0	77,0	23,0	0	213,0	98,8	3,0	50,2	8,8	38,0
II	37,3	97,5	17,5	81,2	1,3	150,0	56,8	35,0	38,8	13,8	12,4
III	44,6	193,5	41,5	45,5	13,0	140,0	143,9	11,7	33,5	13,0	41,8

Source: La vocation internationale de Montréal. **Op. cit.**

l'offre d'une gamme de services assez large, mais la distribution du chiffre d'affaires par types d'activités indique toutefois que ces entreprises sont absentes du secteur des activités de commerce international. On notera que leurs marchés étrangers sont assez diversifiés avec la prédominance des pays d'Europe et des pays en voie de développement (qui constituent la plus grande part de la catégorie «autres»). Au point de vue clientèle, l'indice de diversification des clients joint au critère de taille (nombre d'employés) suggère une répartition du chiffre d'affaires sur un grand nombre de petits comptes. L'enquête révèle d'autre part que les entreprises constituant ce profil sont surtout des entreprises indépendantes locales (québécoises).

Les transitaires dont les activités principales sont connexes au transport (profil II) sont déjà de plus grosse taille (plus de trente-sept employés, en moyenne). La gamme des services offerts y est nettement plus restreinte que dans les deux autres groupes, les activités de commerce international sont marginales et celles propres au transport très modestes. Les mesures de taille et de diversification des clients laissent présager un plus faible morcellement du chiffre d'affaires par client et une moins grande fréquence de petits comptes que dans le profil I. Du point de vue géographique, le pouvoir de ces entreprises s'étend surtout sur l'Amérique du Nord et l'Europe. Les activités dans les autres régions sont si peu fréquentes que l'on observe pour ce groupe de transitaires le plus faible taux de diversification des trois profils.

On remarquera que les transitaires de ce profil sont ceux qui sont les plus spécialisés en Amérique du Nord, et l'enquête révèle que l'on retrouve surtout dans ce profil des entreprises canadiennes dont le bureau principal est situé hors Québec.

Le groupe des transitaires aux activités diversifiées (profil III) est constitué des plus grosses entreprises (presque quarante-cinq en moyenne). Les activités y sont les plus variées, comme en témoigne l'indice de diversification des activités, et, fait particulièrement notable, c'est le seul groupe de transitaires où les activités de commerce international constituent une part non pas marginale ou inexistante mais du moins modeste du chiffre d'affaires (13 % en moyenne). Si l'on se réfère à la taille et à l'indice de diversification des clients, ces transitaires sont moins éparpillés du point de vue de leur clientèle et celle-ci est constituée d'entreprises de plus grosse taille. Quant à leurs marchés, ils sont plus diversifiés (et de loin) que ceux des deux autres groupes. Modestement implantés en Amérique du Nord et en Asie, on les retrouve surtout en Europe et dans les «autres» marchés internationaux. Ces entreprises s'inscrivent manifestement dans un vaste réseau mondial. L'enquête révèle d'ailleurs que ces transitaires relèvent souvent d'une maison mère située en Europe. On est donc en présence de filiales de multinationales étrangères, alors que dans le profil II il s'agissait surtout de bureaux montréalais de multinationales canadiennes et dans le profil I, surtout de firmes indépendantes québécoises.

LES IMPLICATIONS

Ainsi apparaissent trois types distincts de transitaires internationaux. Que peut-on en conclure, d'une part, en fonction des relations concevables entre transitaires et PME et, d'autre part, en fonction des perspectives de promotion des exportations des PME manufacturières québécoises?

Les PME et les transitaires internationaux

Rappelons les caractéristiques saillantes des PME exportatrices québécoises. Elles tendent dès le départ à diversifier leurs marchés étrangers, à s'attaquer à des pays lointains et difficiles d'accès; à l'audace, elles joignent l'individualisme préférant s'y attaquer seules plutôt que par l'entremise d'intermédiaires spécialisés. Et puisqu'elles semblent bouder les services d'information publics et privés, que pourraient donc faire pour elles les transitaires internationaux et, parmi ceux-ci, quels sont ceux qui pourraient leur être le plus utile?

Si l'on postule, comme on l'a fait dans le chapitre IV sur les MDC, que la démarche la plus logique pour les PME qui débutent à l'exportation ou qui, ayant acquis une certaine expérience, envisagent d'ajouter de nouveaux marchés moins accessibles que ceux sur lesquels elles sont déjà établies, consiste à avoir recours à des intermédiaires spécialisés, il est manifeste alors que les transitaires devraient leur être d'une grande utilité.

Il est certain que les PME exportatrices y ont déjà recours pour les activités propres au transport et pour celles qui lui sont connexes. On conçoit mal en effet comment la PME pourrait systématiquement éviter le transitaire pour la location de conteneurs, leur remplissage et leur positionnement, ou encore pour le dédouanement, la documentation export, l'assurance, etc. Mais c'est plutôt dans le domaine des activités que nous avons appelées «d'exportation» que les transitaires pourraient leur être plus utiles encore.

Celles-ci peuvent à leur tour être regroupées, d'une part, en activités de marketing international; il s'agit de l'identification de clients potentiels pour l'importation ou l'exportation et du conseil en marketing international qui est lié à l'information que les transitaires peuvent obtenir grâce à leur appartenance à un réseau mondial plus ou moins étendu et intégré selon le cas. On retrouve, d'autre part, les activités de support au commerce international, comme la facturation, le recouvrement de créances et le crédit.

Dans une large mesure, ces dernières pourraient être davantage prises en considération que les premières par la PME elle-même (ou par les banques en ce qui concerne le crédit). Elles sont donc moins fondamentales pour la PME que les activités de marketing international qui impliquent une connaissance des marchés étrangers difficile et coûteuse à acquérir.

C'est surtout la capacité d'information des transitaires internationaux qui pourrait être d'une grande utilité pour les PME. Rappelons que les transitaires sont bien placés pour connaître la nature des courants de marchandises vers les pays étrangers ou en provenance de ceux-ci, les concurrents nationaux et étrangers (même si la confidentialité les empêche de les révéler), les partenaires éventuels et leurs préférences en matière de produits, leur réputation et leur statut financier, les usages commerciaux et le climat économique et politique. De par leur présence active sur les marchés étrangers, les transitaires constituent donc, avec les banques, des sources privilégiées d'information sur les marchés étrangers. Il est à craindre que, plus encore que les banques, ils soient sous-utilisés.

Un rapprochement accru entre les PME et les transitaires internationaux serait donc à favoriser pour tout ce qui a trait aux activités de conseil en marketing international, s'appuyant sur toute l'information à laquelle les transitaires ont accès par la nature même de leurs fonctions.

Quel type de transitaires serait le plus à même d'assister les PME? Si l'on s'en tient au critère de taille, à l'inverse des maisons de commerce, ce sont les entreprises de transit les plus grosses qui en seraient les plus susceptibles. Le tableau 5.1 nous a révélé en effet que ce sont les entreprises du profil III, les filiales des multinationales étrangères, comme on les a caractérisées, qui s'adonnent le plus aux activités de commerce international. Il ne faut pas en conclure toutefois *ipso facto* que la taille est le critère déterminant. Nous pensons plutôt que l'assistance à l'exportation est d'un usage plus répandu chez les transitaires européens que nord-américains. Les filiales des entreprises européennes étant de plus grande taille que les autres transitaires de l'échantillon, il est difficile, à ce point, de distinguer l'effet de la taille de celui de l'origine nationale sur la propension des transitaires à fournir aux PME des services de marketing international

Peut-être serait-il bon de souligner au passage qu'il est probable à l'heure actuelle que ce soit les entreprises exportatrices de grande taille qui tirent le plus parti de ces services. C'est en effet dans le profil III que la diversification des clients est la plus faible et que le chiffre d'affaires est le plus élevé. Peut-être est-ce là un autre signe que les compétences en marketing international des transitaires ne sont pas à mépriser!

Les transitaires internationaux et la promotion des exportations

On l'a dit au début de ce chapitre, les transitaires sont plutôt méconnus des entreprises exportatrices comme des pouvoirs publics. Les évidences qui viennent d'être présentées indiquent que cela est regrettable. Il conviendrait donc de faire en sorte que les PME soient plus au fait des services qu'ils peuvent leur rendre et que, d'autre part, les pouvoirs publics tiennent compte de leur existence dans leurs stratégies de promotion des exportations.

La responsabilité de la méconnaissance des services de marketing international pouvant être offerts aux entreprises exportatrices incombe en partie, il nous semble, aux transitaires eux-mêmes. Il s'agit là d'une industrie volontairement discrète et, de surcroît, s'identifiant surtout à l'aspect transport plutôt qu'à l'aspect marketing des transactions internationales.

Cette remarque s'adresse plus d'ailleurs aux transitaires régionaux (québécois et profil I) ou canadiens (profil II) qu'à ceux qui sont les filiales de multinationales étrangères (européennes et profil III). Peut-être pourrait-on faire un parallèle avec le secteur bancaire où les filiales des banques étrangères (européennes surtout) établies au Canada semblent être plus proches des entreprises exportatrices que nos banques à charte[7]. Quoi qu'il en soit,

---

(7)   DENIS, J.-É. *Op. cit.* p. 22.

les transitaires manquent peut-être une possibilité de diversifier leurs sources de revenus, sans compter que l'accroissement de leurs activités de marketing international aurait un effet direct sur leurs activités propres et connexes au transport.

Quand les pouvoirs publics se préoccupent de promouvoir les exportations, et celles des PME manufacturières en particulier, il est bien rare qu'ils songent à inclure les transitaires internationaux dans leurs stratégies. Sans doute pensent-ils à inviter des représentants de cette industrie dans leurs panels lors de leurs séminaires de familiarisation sur les débouchés que tel ou tel pays présente pour nos firmes ou, peut-être, dans les missions de prospection à l'étranger. Ils penseront plutôt aux PME elles-mêmes, à la création d'une Société nationale de commerce ou à la mise sur pied de consortiums d'exportation. Peut-être que, là encore, la discrétion du secteur des transitaires internationaux, liée en partie au fait qu'il s'agit d'une industrie stable en dépit de la crise économique, a contribué à ce manque d'intérêt. Mais il nous semble qu'ils devraient être plus résolument impliqués dans les programmes gouvernementaux de promotion des exportations. Ces derniers devraient, d'une part, favoriser le rapprochement des PME et des transitaires en exigeant, par exemple, que les PME qui obtiennent de l'assistance gouvernementale pour la prospection de marchés étrangers aient au moins consulté un transitaire ou une maison de commerce avant d'entreprendre de telles missions. D'autre part, il nous semble que les programmes d'assistance aux maisons de commerce ou les mesures qui pourraient être prises en leur faveur, dans la perspective de promouvoir les exportations, devraient aussi viser les transitaires internationaux qui manifestent le désir de développer leurs activités de commerce international. De telles dispositions ont déjà été prises dans certains pays, pourquoi pas au Québec?

BIBLIOGRAPHIE

Canadian International Freight Forwarders Association Inc. *List of Members.* Mars 1981.

Canadian Transport Commission, Economic and Social Analysis Branch, The Freight Forwarding Industry in Canada. Mimeograph. Mai 1975, 15 p.

DENIS, J.-É. *La Vocation internationale de Montréal — Les maisons de commerce et les transitaires internationaux.* Centre d'études en administration internationale (CETAI), 1982.

HILL, D.J. *Freight Forwarders.* London: Stevens & Sons, 1972.

MURR, A. *The Foreign Freight Forwarder.* Studies in Public Utilities and Transportation. New York: New York University, 1947, n° 2.

Transportation Guide, Canadian Transportation and Distribution Management. Juillet 1980.

WIGHTWICK, R. «Forwarders Open Doors to International Markets». *Canadian Transportation and Distribution Management.* Février 1979, p. 27-29.

VI   Le diagnostic-export de la PME*

Jean-Émile Denis et Donald Béliveau

Avec l'importance de plus en plus grande accordée à la promotion des exportations par les entreprises, en particulier dans le
domaine des produits manufacturés, et par les PME, il est devenu
impératif de pouvoir identifier les exigences de l'exportation et les
qualités requises par les entreprises pour s'y lancer et y prospérer.

Par conséquent, une évaluation interne de l'entreprise appe-
lée «diagnostic» à l'exportation s'avère tout à fait à propos. Cet
exercice consiste à identifier les forces et les faiblesses de l'entreprise avant d'aborder les marchés étrangers, afin de déterminer
si elle est en mesure ou non de s'attaquer à ce nouveau type d'activité et de cerner les dimensions vulnérables de l'entreprise en vue
d'y remédier. Il sera alors possible d'élaborer les stratégies de
développement international les plus appropriées, compte tenu
des résultats de l'exercice d'introspection objectif et critique
auquel l'entreprise se sera livrée. Il s'agit donc d'une évaluation
(ou d'une auto-évaluation si l'entreprise s'y livre seule) dans le but
de décider ce qu'elle devrait entreprendre en ce qui a trait à l'exportation.

---

*   Document spécial n° 83-104, publié par la Faculté des sciences de l'administration de l'Université Laval, Québec, mai 1983.

La perspective ouverte par cet examen est des plus positives et ne s'inscrit pas du tout dans celle qu'implique la notion de diagnostic. En effet, selon le dictionnaire *Le Petit Robert*, un diagnostic consiste en «... l'action de déterminer une maladie d'après ses symptômes». Il ne s'agit pas ici d'interpréter des signes pour discerner la nature d'un mal, encore que l'examen-export puisse en révéler un, mais plutôt de parvenir à une meilleure connaissance de l'entreprise en vue d'adopter les décisions appropriées en matière d'exportation.

L'EXPORTATION: UN CHOIX STRATÉGIQUE PARMI D'AUTRES

Cet examen, s'il est orienté spécifiquement vers l'exportation, s'inscrit néanmoins dans une approche générale aux divers choix stratégiques de diversification qui peuvent se présenter à l'entreprise. Ces choix s'inscrivent selon deux dimensions: la dimension produit et la dimension marché. Quatre stratégies de diversifications types sont alors concevables. Le statu quo sur le marché national avec les produits existants, la diversification des produits sur le marché national, l'expansion internationale par la commercialisation des produits existants sur les marchés étrangers, en particulier par l'exportation, l'expansion internationale avec le développement de nouveaux produits (cette dernière stratégie étant plutôt le fait d'entreprises ayant déjà acquis l'expérience des marchés étrangers grâce à l'exportation de leurs produits existants).[1]

Il apparaît donc que du point de vue strictement stratégique, le développement international et l'une de ses modalités, l'exportation, ne sont que des options de diversification parmi d'autres. L'entreprise ne doit donc pas choisir arbitrairement l'exportation sans avoir considéré les diverses possibilités de développement sur le marché national.

Les points à examiner lors des choix stratégiques

Quelles que soient les stratégies de diversification envisagées, l'évaluation à laquelle procédera l'entreprise s'inscrit dans un cadre d'ensemble visant à faire ressortir ses forces et ses fai-

---

[1] Pour un plus large exposé sur les choix stratégiques, voir:
LEROY, G., RICHARD, G. et SALLENAVE, J.-P. *La Conquête des marchés extérieurs.* Paris: Éditions d'organisations et Montréal: Agence d'Arc, 1978.

blesses et impliquant un examen approfondi de ses performances par rapport à l'industrie dans laquelle elle se situe, de ses diverses composantes fonctionnelles (gestion de la production, gestion commerciale, gestion des ressources humaines, gestion financière) ainsi que des dimensions technologiques (recherche et développement) et administratives.

Cet examen d'ensemble devient un véritable diagnostic dans la mesure où il fait apparaître des lacunes sur le plan des performances et en retrace les causes, que ce soit en ce qui concerne le management en général ou une fonction en particulier. Il reste donc à mettre en oeuvre les mesures susceptibles de remédier aux faiblesses qui ont été identifiées avant même d'envisager d'attaquer les marchés étrangers. On comprendra donc pourquoi un examen d'ensemble est nécessaire avant de chercher à déterminer si l'entreprise dispose des ressources et compétences requises spécifiquement pour l'exportation.

LES DÉTERMINANTS DU SUCCÈS À L'EXPORTATION [2]

À partir de l'observation du comportement des entreprises à l'exportation dans divers pays, une série de facteurs pouvant être directement associés à l'exportation se détachent. Les uns sont davantages reliés à l'environnement de la firme et à la nature de l'industrie dans laquelle elle opère, les autres plutôt à des caractéristiques propres à chacune des firmes. [3]

Pour ce qui est des variables extérieures à l'entreprise, il a été constaté, en particulier, que les firmes des secteurs industriels plus intensifs en technologie exportaient davantage que les firmes d'industries moins développées technologiquement. Certains secteurs industriels ne se prêtent tout simplement pas à l'exportation car leurs produits sont exclusivement fabriqués et consommés localement.

Quant aux caractéristiques propres à l'entreprise, elles jouent un rôle déterminant sur la décision d'exporter et le degré de

---

(2) Il existe une imposante documentation sur le comportement des firmes concernant l'exportation, sur laquelle cette section s'appuie sans toutefois y faire expressément référence. Cet ensemble de connaissances est cependant pris en compte dans les divers modèles présentés dans ce texte.

(3) Voir:

URBAN, S. *Réussir à l'exportation.* Paris: Dunod, 1979.

réussite à l'exportation. Ces caractéristiques internes, par opposition aux précédentes, peuvent être regroupées en quatre catégories:

1. Les caractéristiques du produit vendu, les procédés de production et la technologie utilisés, le «savoir-faire» commercial, les ressources financières et humaines, la disponibilité en ressources de toute nature telle qu'exprimée par la taille de l'entreprise. Ces différents aspects constituent en quelque sorte les avantages distinctifs de l'entreprise, à l'exclusion de ceux qui se rapportent à la qualité de l'équipe de direction et qui sont plus spécifiquement associés aux trois catégories suivantes.

2. Les attitudes des dirigeants de l'entreprise à l'égard de l'exportation.

3. Les objectifs poursuivis par la direction.

4. La préparation de l'entreprise en vue de l'exploitation des marchés étrangers.

Les avantages distinctifs de l'entreprise

Cette catégorie regroupe la plus grande variété de facteurs qui se prêtent à des diagnostics spécifiques (production et technologie, marketing, finance et ressources humaines). Ces facteurs fournissent des occasions à l'entreprise de se «distinguer» de ses concurrents et lui facilitent la conquête des marchés étrangers. À titre d'exemple, une entreprise disposant d'un produit original suscitera l'intérêt de la clientèle étrangère; dans la mesure où elle maîtrise une technologie d'avant-garde ou des procédés de fabrication sophistiqués, elle parviendra à des coûts de production lui donnant l'avantage sur la concurrence; etc.

La taille constitue, à titre de résultante, un avantage distinctif. On constate en effet que les firmes de plus grande dimension tendent à exporter davantage. Toutefois, les recherches sur les PME manufacturières indiquent que l'incidence de la taille des entreprises sur la propension à exporter ne se manifeste que par l'entremise d'autres aspects du diagnostic-export comme la disponibilité de ressources financières ou humaines.

Les attitudes à l'égard de l'exportation

Cette catégorie regroupe un ensemble de perceptions des dirigeants de l'entreprise à l'égard des risques et des coûts qu'implique l'exportation et des gains qui peuvent en résulter. Attitudes et perceptions constituent des éléments d'évaluation fort subjectifs et l'on constate que les mêmes éléments sont jugés bien différemment par les entreprises qui exportent et celles qui n'exportent pas, les premières tendant à les évaluer plus favorablement que les secondes. On a pu constater que l'entreprise qui, avant même d'avoir essayé d'exporter, manifeste plus de réticences qu'une autre est probablement moins prête à tenter l'expérience que cette dernière.[4]

Les objectifs poursuivis par l'entreprise

La recherche de la croissance, du profit ou de la sécurité constituent les trois objectifs fondamentaux de toute entreprise. On a pu constater une relation entre ces objectifs et l'intérêt à l'égard de l'exportation. Il est apparu en effet que lorsque le profit et surtout la croissance constituaient les finalités principales des dirigeants, ceux-ci avaient beaucoup plus tendance à s'engager dans l'exportation (et y réussir) que les dirigeants qui recherchaient avant tout la sécurité. L'exportation implique un certain nombre d'incertitudes et de risques et l'on comprend que les entreprises les plus dynamiques soient les mieux disposées à leur faire face.

La préparation en vue de l'exportation

Être disposé à exporter est une chose, être prêt à le faire en est une autre. La préparation à l'exportation ne comprend pas seulement la mobilisation des ressources productives, techniques, financières, commerciales et humaines, mais aussi leur mise en oeuvre ordonnée et systématique. Trop nombreuses sont les entreprises qui échouent à l'exportation non pas parce qu'elles manquent de moyens, mais parce que l'exportation ne s'inscrit pas dans le cadre d'une planification d'ensemble et que le développement international lui-même n'est pas rigoureusement préparé. Ainsi, l'on verra des entreprises «partir à l'exportation» au gré des possibilités, sans avoir exploré et évalué soigneusement les marchés étrangers, sans avoir mis en place les éléments organisationnels nécessaires à un déploiement international harmonieux, à l'évaluation des performances et aux réorientations qui peuvent en résulter.

---

(4) URBAN, S. **Op. cit.**

À LA BASE DU DIAGNOSTIC: QUELQUES QUESTIONS FONDAMENTALES

On peut dire que l'examen des quatre catégories de caractéristiques propres à l'entreprise qui viennent d'être présentées devrait permettre de répondre aux questions suivantes:

- L'exportation est-elle la meilleure option de diversification des activités offertes à l'entreprise?
- Si oui, dispose-t-elle des ressources suffisantes pour s'y lancer?
- A-t-elle les prédispositions favorables requises à l'égard de l'exportation?
- Est-elle suffisamment «motivée» par le profit et la croissance pour accepter les risques que l'exportation présente?
- Est-elle prête à exporter? Est-elle organisée pour pouvoir mobiliser efficacement ses ressources vers l'exportation et les meilleures possibilités offertes par les marchés étrangers?

L'IMPORTANCE DES DÉTERMINANTS INTERNES AU SUCCÈS À L'EXPORTATION

L'énumération qui précède suggère que, somme toute, un nombre restreint de variables conditionnent substantiellement le succès de l'entreprise. Il importe de s'assurer qu'il en est bien ainsi dans la réalité.

À cet égard, l'étude de Cavusgil et Nevin[5] fournit des évidences intéressantes. Celle-ci porte sur 473 entreprises manufacturières du Wisconsin et 19 mesures de comportement des firmes à l'exportation. Elle révèle que seulement dix déterminants internes expliquent 46,6 % de la variation dans le comportement à l'exportation. Ces résultats sont significatifs au seuil de 1 %. Toutes les variables sont individuellement significatives à l'exception de la proximité du marché étranger (voir le tableau 6.1).

L'étude de Cavusgil et Nevin supporte donc l'hypothèse qu'un nombre restreint de variables conditionnent d'une manière déterminante le succès des entreprises à l'exportation. Il faut sou-

---

(5) CAVUSGIL, S.T. et NEVIN, J.R. «Internal Determinants of Export Marketing Behavior: An Empirical Investigation». *Journal of Marketing Research.* 1981.

TABLEAU 6.1: Les dix déterminants du comportement à l'exportation selon Cavusgil et Nevin

Déterminants	Niveau de confiance
• Avantages «différentiels»	
— intensité technologique du secteur	(0,01)
— possession d'un produit unique	(0,05)
— proximité du marché	*
— volume de ventes	(0,01)
• Intensité des aspirations managériales	
— aspiration à la croissance	(0,01)
— aspiration à la sécurité des marchés	(0,01)
• Anticipations du management quant aux effets de l'exportation sur la croissance	(0,01)
• Niveau d'engagement du marketing à l'exportation	
— planification du marketing	(0,01)
• Exploration systématique de la possibilité d'exporter	(0,01)
• Existence d'une politique d'exportation	(0,01)

* Non significatif.

Source: CAVUSGIL, S.T. et NEVIN, J.R. «Internal Determinants of Export Marketing Behavior: An Empirical Investigation». *Journal of Marketing Research.* Février 1981, vol. 18, p. 114-119.

ligner aussi que les avantages différentiels (secteur, produit, taille) jouent un rôle relativement modeste par rapport aux autres déterminants internes comme la nature et le niveau d'aspiration de la direction, ses anticipations à l'égard de l'exportation, son degré de préparation en vue d'exporter. En d'autres termes, cela signifie que le succès à l'exportation est plus une affaire de qualité du management que d'avantages comparatifs strictement économiques comme un prix, une technologie et un produit supérieur à ceux des concurrents. Deux conclusions peuvent donc être tirées en vue de l'élaboration d'un outil de diagnostic-export; d'une part, il n'est pas nécessaire d'inclure un très grand nombre de dimensions pour effectuer ce diagnostic et, d'autre part, les dimensions managériales devraient y tenir une place privilégiée.

L'EXPORTATION: UN PHÉNOMÈNE PROGRESSIF

Les facteurs introduits dans la section précédente constituent les éléments qui apparaissent les plus déterminants dans le succès à l'exportation. Certains s'avèrent plus importants que d'autres et il y a lieu de penser qu'ils ne jouent pas un rôle égal au fur et à mesure de l'évolution de l'entreprise dans l'activité d'exportation. On peut en effet considérer l'exportation comme un processus d'apprentissage dans lequel on peut distinguer des stades successifs. Si l'on accepte ce point de vue, il faut alors admettre que le passage d'un stade à un autre est sujet à des conditions particulières à chaque stade. On peut concevoir facilement que les problèmes auxquels fait face l'entreprise qui n'a jamais exporté seront différents de ceux qu'elles rencontrera par la suite lorsque, par exemple, elle est devenue une exportatrice expérimentée et qu'elle désire accroître le nombre de ses marchés étrangers. Cela revient donc à reconnaître que les déterminants du succès à l'exportation varient au fur et à mesure du développement de l'exportation dans l'entreprise. Par conséquent, il faut chercher à identifier dans la liste des déterminants retenus précédemment ceux qui sont associés exclusivement au passage de l'état d'entreprise non exportatrice à celui d'entreprise exportatrice. Pour ce faire, il faut d'abord spécifier quelles sont les étapes qui marquent le processus de développement de l'activité d'exportation.

LES ÉTAPES DU PROCESSUS DE DÉVELOPPEMENT DE L'EXPORTATION

Plusieurs modèles de processus ont été élaborés au cours des dernières années et testés empiriquement. Trois d'entre eux seront examinés ici, celui de Bilkey et Tesar[6], celui de Cavusgil[7] et enfin celui de Czinkota[8]. Sans être identiques, ils sont très similaires et leur examen permettra de retenir les facteurs critiques qui leur sont communs.

La banque de données à partir de laquelle a été testé le modèle de Bilkey et Tesar est la même que celle utilisée par Cavusgil et Nevin. On y retrouvera donc certaines des dimensions présentées précédemment. Bilkey et Tesar identifient cinq étapes et des facteurs déterminants pour seulement trois d'entre elles (voir le tableau 6.2). Selon eux, pour que l'entreprise parvienne au

---

(6) BILKEY, W.J. et TESAR, G. «The Export Behavior of Smaller-Sized Wisconsin Manufacturing Firms». *Journal of International Business Studies.* Printemps 1977, p. 93-98.

(7) CAVUSGIL, S.T. «Some Observations on the Relevance of Critical Variables for Internationalization Stages». *Export Management, an International Context* (Michael R. Czinkota et Georges Tesar, édit.). New York: Praeger, 1982.

(8) CZINKOTA, M.R. *Export Development Strategies — U.S. Promotion Policy.* New York: Praeger, 1982.

TABLEAU 6.2: Les étapes du processus de développement de l'exportation selon Bilkey et Tesar

ÉTAPES	FACTEURS DÉTERMINANTS
1. La direction de l'entreprise n'est pas intéressée à exporter.	
2. La direction de l'entreprise accepterait une commande d'exportation sollicitée mais ne fait aucun effort pour envisager la possibilité d'exporter.	
3. L'entreprise envisage sérieusement la possibilité d'exporter.	• planification des activités en vue d'exporter • perception par l'entreprise de ses avantages distinctifs
4. L'entreprise exporte sur une base expérimentale vers un pays psychologiquement proche.	• qualité et dynamisme de l'équipe de direction • obtention d'une commande non sollicitée
5. L'entreprise devient un exportateur expérimenté vers ce pays.	• anticipations de l'entreprise à l'égard de l'exportation (profits et risques) • perception par l'entreprise des obstacles à l'entrée sur les marchés étrangers
6. L'entreprise envisage la possibilité d'exporter vers des pays additionnels psychologiquement moins proches.	

Source: BILKEY, W.J. et TESAR, G. «The Export Behavior of Smaller-Sized Wisconsin Manufacturing Firms». *Journal of International Business Studies.* Printemps 1977, p. 93-98.

stade de l'exportation sur une base expérimentale vers un pays psychologiquement proche, il faut:

- qu'elle planifie ses activités en vue d'exporter;
- qu'elle ait une perception favorable de ses avantages distinctifs;
- que l'équipe de direction soit de qualité et fasse preuve de dynamisme.

Il constatent, de surcroît, que l'obtention d'une commande non sollicitée décide dans bien des cas de l'orientation de l'entreprise vers l'exportation. On notera que les facteurs objectifs (avantages comparatifs en ce qui concerne le produit) cèdent la place à l'aspect management (dynamisme, planification). À cet égard, les auteurs concluent que le succès n'est pas seulement une question de ressources et donc de taille, et que les petites et moyennes entreprises peuvent aussi bien réussir à l'exportation que les grandes.

Le modèle adopté par Cavusgil comporte quatre stades. Il est donc plus simple, à ce point de vue, que le modèle précédent mais, par contre, beaucoup plus riche en ce qui a trait aux facteurs retenus permettant d'identifier chacun d'entre eux (voir le tableau 6.3).

TABLEAU 6.3: Les étapes du processus de développement de l'exportation selon Cavusgil

ÉTAPES	FACTEURS DÉTERMINANTS
1. L'entreprise n'exporte pas et n'est pas intéressée à rassembler de l'information en vue d'exporter.	
2. L'entreprise n'exporte pas mais elle est intéressée à rassembler de l'information en vue d'exporter.	• perception favorable de la qualité de ses produits par l'entreprise • capacité de développer de nouveaux produits • recherche d'information (auprès du gouvernement fédéral, d'autres firmes et d'agents exportateurs) • âge du répondant • formation académique du répondant
3. L'entreprise exporte moins de 10 % de ses expéditions totales.	• orientation nationale de l'exportation • intensité technologique • possession de brevets • possession d'un réseau national de distribution • expertise en marketing • expertise en finance • recherche d'information auprès des gouvernements, d'autres firmes et d'agents exportateurs • perception des risques à l'exportation • perception des profits résultant de l'exportation
4. L'entreprise exporte plus de 10 % de ses expéditions.	• orientation nationale de l'entreprise • formation académique du répondant • perception des risques à l'exportation • perception des profits à l'exportation

Source: CAVUSGIL, S.T. «Some Observations on the Relevance of Critical Variables for Internationalization Stages». *Export Management, an International Context* (Czinkota, Michael R. et Tesar, George, édit.). New York: Praeger, 1982, p. 276-286.

À l'entreprise qui parvient à exporter jusqu'à 10 % de ses expéditions totales sont associées les caractéristiques suivantes:

- une perception favorable de ses produits;
- une capacité de développer de nouveaux produits;
- une certaine intensité technologique des produits;
- la possession de brevets;
- une certaine expertise en finance et en marketing;
- une orientation vers le marché national plutôt que local (et la possession d'un réseau national de distribution);
- une activité soutenue de recherche d'information en vue de l'exportation auprès des gouvernements, d'agents exportateurs et d'autres entreprises;
- une perception favorable des risques associés à l'exportation;
- une perception favorable des profits pouvant en résulter.

À noter que cette recherche est l'une des rares qui considère que l'âge du répondant (le dirigeant dans bien des cas) et sa formation académique ont une certaine incidence (faible cependant) sur la progression de la firme à l'exportation.

Plutôt que de chercher à identifier les déterminants de l'évolution de l'entreprise, Czinkota s'intéresse aux problèmes auxquels elle devra faire face successivement. Dans la mesure où pour progresser l'entreprise devra résoudre ces problèmes, on peut les interpréter comme des éléments dont il faudra tenir compte dans l'élaboration d'un diagnostic-export.

Pour parvenir au stade de l'exportation sur une base expérimentale (moins de 5 % des expéditions totales selon Cavusgil), l'entreprise devra dépasser les problèmes suivants (voir le tableau 6.4):

- des problèmes de financement;
- des problèmes d'obtention d'information (en marketing, sur les usages commerciaux et de nature financière);
- des problèmes liés au produit (son adaptation pour les marchés étrangers) et à l'aide technique en ce qui concerne son utilisation;

TABLEAU 6.4: Les étapes du processus de développement de l'exportation selon Czinkota

ÉTAPES	Problèmes rencontrés à l'exportation (par ordre d'importance décroissant)				
	1	2	3	4	5
1. L'entreprise n'éprouve aucun intérêt pour l'exportation.	—	—	—	—	—
2. L'entreprise est partiellement intéressée par l'exportation.	financement	informations (usages commerciaux)	communication	aide technique	effort de vente
3. L'entreprise envisage la possibilité d'exporter.	communication	effort de vente	informations (marketing)	informations (usages commerciaux)	obtention d'informations financières
4. L'entreprise exporte sur une base expérimentale.	effort de vente	obtention d'informations financières	problèmes liés au produit	informations (marketing)	informations (usages commerciaux)
5. L'entreprise est une petite exportatrice expérimentée.	communication	effort de vente	informations (marketing)	obtention d'informations financières	traitement de la documentation
6. L'entreprise est une grosse exportatrice expérimentée.	communication	effort de vente	informations (marketing)	service de réparation	information (usages commerciaux)

Source: CZINKOTA, M.R. *Export Development Strategies, US Promotion Policy.* New York: Praeger, 1982, p. 101.

- des problèmes liés à l'effort de vente devant être consentis à l'exportation;
- des problèmes de communication internationale.

Il s'agit maintenant de rassembler et de tenter de réconcilier les divers facteurs qui sont associés à l'accession de l'entreprise au stade où elle commence à exporter et qui ont été mis en évidence par ces trois études.

Toutefois, cette tentative ne peut être entreprise que dans la mesure où les stades qui ont été évoqués sont comparables. Il s'avère qu'ils le sont sans toutefois être parfaitement identiques. Pour Bilkey et Tesar, le stade de l'exportation sur une base expérimentale correspond à moins de 10 % des expéditions totales exportées. C'est le même critère qui est adopté par Cavusgil alors que Czinkota retient le chiffre de 5 %. On peut donc considérer que les bases de comparaison sont suffisamment homogènes pour procéder au regroupement des déterminants du passage au stade où l'entreprise commence à exporter.

Ce regroupement est effectué dans le tableau 6.5 selon trois catégories de déterminants: les avantages différentiels, les attitudes et anticipations de l'équipe de direction, la préparation en vue d'exporter. On doit constater un faible niveau de redondance entre les trois études. Étant donné les disparités dans les méthodologies employées et les objectifs poursuivis, il est inévitable que l'exercice de consolidation dont ce tableau est le résultat ne fasse pas ressortir un plus haut niveau de convergence, comme on pourrait le souhaiter. Par contre, cet exercice présente néanmoins l'avantage d'identifier un certain nombre restreint de variables dont l'importance est démontré empiriquement et qui, prises ensemble, permettent de mieux cerner les dimensions à retenir pour l'élaboration d'un outil de diagnostic-export. Plus précisément, il apparaît important de retenir les aspects suivants:

— Sur le plan du diagnostic management:
- la qualité et le dynamisme de l'équipe de direction;
- les objectifs poursuivis par cette équipe (sécurité, croissance, profit);
- la perception des risques impliqués par l'exportation;
- les anticipations concernant les résultats pouvant en résulter;
- la planification des activités de l'entreprise;

— Sur le plan de la finance:
  • les ressources financières de l'entreprise;
  • la qualité de la gestion financière;

— Sur le plan du marketing:
  • le caractère distinctif du produit;
  • le degré de déploiement sur le marché national;
  • l'aptitude à gérer un effort de vente international;
  • l'aptitude à communiquer avec des partenaires étrangers;

— Sur le plan de la production:
  • la possession d'un avantage technologique (brevet ou savoir-faire de production);
  • la capacité d'adapter le produit aux exigences des marchés étrangers;
  • la capacité de fournir un service après vente (aide technique et/ou réparation).

LES CONSIDÉRATIONS PARTICULIÈRES AUX PME QUÉBÉCOISES

Le relevé qui précède résulte d'études effectuées auprès de PME américaines et il y a lieu de se demander si cette liste ne devrait pas être complétée pour mieux s'adapter aux particularités des PME québécoises. L'examen du rapport REDEX[9], l'expérience des PME québécoises exportatrices ou aspirant à le devenir confirment ce point de vue et démontrent la nécessité d'ajouter plusieurs dimensions à celles retenues jusqu'à présent.

Le diagnostic management

L'intégration des activités d'exportation dans la PME québécoise semble poser plusieurs problèmes: identification et mise en place des ressources humaines compétentes, place de l'exportation dans l'entreprise, positionnement des stratégies d'exportation par rapport aux autres stratégies de l'entreprise. Ces aspects doivent être pris en compte dans l'outil de diagnostic.

---

(9) Chambre de commerce de la province de Québec. REDEX. **Recherche sur le potentiel d'exportation des entreprises québécoises.** Montréal, 1977.

TABLEAU 6.5: Synthèse des travaux de Bilkey et Tesar, Cavusgil et Czinkota concernant les déterminants de l'entrée dans l'exportation par l'entreprise

Catégories de déterminants	Bilkey & Tesar	Cavusgil	Czinkota
• Avantages «différentiels»	• perception par l'entreprise de ses avantages distinctifs • qualité et dynamisme de l'équipe de direction	• perception favorable de la qualité des produits par l'entreprise • capacité de développer de nouveaux produits • niveau technologique des produits • possession de brevets • expertise en finance et en marketing • couverture du marché national	• ressources financières • capacité d'adapter le produit • capacité de fournir une aide technique
• Attitudes et anticipations		• perception favorable des risques associés à l'exportation • perception favorable des profits devant résulter de l'exportation	
• Préparation	• planification des activités en vue d'exporter	• recherche d'information en vue d'exporter	• aptitude à collecter l'information en vue d'exporter • aptitude à gérer la fonction vente à l'étranger • aptitude à gérer la fonction communication internationale

Le diagnostic finance

Les PME québécoises font souvent état de leur manque de ressources financières, ce qui peut paraître paradoxal lorsqu'on sait que pour bien des transactions internationales les paiements s'effectuent plus rapidement que dans le marché national. Il se peut que les problèmes de financement évoqués par ces PME masquent des lacunes dans la gestion financière, en particulier en ce qui concerne la gestion de l'encaisse et les prévisions budgétaires qu'il faudra prendre spécifiquement en considération.

Le diagnostic marketing

REDEX démontre la méconnaissance qu'ont bien des entreprises à l'égard de la concurrence à laquelle elles font face sur leurs marchés locaux ou nationaux. Cette dimension doit être retenue.

La stratégie de prix détermine dans bien des cas l'aptitude de l'entreprise à entrer dans les marchés étrangers. Cela suppose que l'entreprise a une bonne connaissance de sa structure des coûts.

Il n'est pas recommandé d'aborder les marchés étrangers avant d'avoir exploité pleinement les possibilités qu'offre le marché national. De surcroît, la gestion d'un réseau de distribution national est une bonne préparation à la gestion de la distribution à l'étranger. Les entreprises qui couvrent bien leur marché national sont donc en meilleure position pour atteindre les marchés d'exportation.

Penser exporter sans être en mesure de communiquer effectivement avec l'étranger (en anglais dans la plupart des cas) et sans documentation préparée à cet effet est illusoire. REDEX fait ressortir cette lacune très spécifiquement pour de nombreuses PME.

Le diagnostic production

De nombreuses entreprises québécoises tendent à considérer l'exportation comme une activité à laquelle on s'adonne surtout lorsqu'on dispose d'un surplus de capacité de production plutôt que comme une activité continue. Il y a lieu de s'assurer que l'entreprise veut exporter sur une base régulière, ce qui implique que sa production est planifiée, que les stocks sont bien contrôlés et qu'un système d'approvisionnement est mis en place.

Comme l'exportation exige pour bien des produits (et cela est en fonction de leur complexité technique) que l'entreprise soit en mesure de fournir le service après vente requis, il faudra s'assurer qu'elle est déjà en mesure de le faire sur le marché national.

L'ÉLABORATION D'UN QUESTIONNAIRE DE DIAGNOSTIC

L'examen des études sur le comportement des firmes vis-à-vis de l'exportation les plus pertinentes à l'élaboration d'un outil de diagnostic, ainsi que la prise en compte de dimensions plus spécifiquement québécoises, a permis dans les pages qui précèdent de retenir un nombre restreint de facteurs en vue d'évaluer le potentiel d'exportation des entreprises. Il reste maintenant à développer un outil de diagnostic sous forme de questionnaire.

Un questionnaire peut prendre différents aspects selon l'objectif poursuivi. Si le questionnaire envisagé a pour objectif de sélectionner des entreprises, il sera bien sûr bâti d'une manière différente que si l'on veut en faire un outil d'auto-diagnostic que les membres de l'équipe de direction peuvent s'administrer eux-mêmes en vue d'évaluer sans tricher leurs aptitudes à exporter, et non moins candidement d'identifier les secteurs où leurs faiblesses risquent de leur causer du tort s'ils ne les corrigent pas avant d'exporter, ou de choisir des stratégies d'exportation qui en tiennent compte.

Étant donné que c'est le second objectif qui est poursuivi ici, le questionnaire doit répondre à plusieurs critères:

- Il doit pouvoir s'auto-administrer, donc être compréhensible sans requérir l'assistance d'un expert devant en expliquer le fonctionnement.

- Les résultats du questionnaire doivent être facilement calculables pour le répondant et lui fournir une image claire de ses forces et faiblesses.

- Il doit être court, stimulant et convaincant sinon le répondant risque de l'abandonner avant d'avoir fini de le remplir.

Par contre, étant donné qu'il mise sur la bonne foi du répondant, il pourra être direct et dénué de pièges visant à tromper sa vigilance. Enfin, et surtout, puisqu'il s'agit plus d'un instrument de réflexion que de mesure, la pertinence des dimensions prises en compte l'emporte sur la mesure proprement dite de ces dimensions. Par conséquent, la tâche ardue de validation du questionnaire en est de beaucoup réduite.

LA STRUCTURE DU QUESTIONNAIRE

Le questionnaire, présenté en annexe, est divisé en trois parties:

PARTIE I — Les renseignements généraux
PARTIE II — La fiche d'analyse financière
PARTIE III — Le questionnaire d'auto-diagnostic

Les renseignements généraux

Ils sont destinés à d'autres utilisateurs du questionnaire que l'entreprise, par exemple les services gouvernementaux chargés de promouvoir les exportations. En plus des renseignements habituels, cette partie contient quelques questions sur l'éventuelle expérience de l'entreprise sur les marchés étrangers.

La fiche d'analyse financière

La partie II du questionnaire, intitulée «Fiche d'analyse financière», vise à aider à faire une évaluation sur les dimensions rentabilité (question 1), financement (question 2), gestion (question 3) et croissance des opérations (question 4), à partir du calcul d'un certain nombre de ratios financiers. Pour chacune de ces quatre dimensions, seuls les ratios jugés les plus pertinents ont été retenus. Ces ratios, pour avoir une certaine signification, doivent être comparés dans le temps (d'où les colonnes 1, 2 et 3 pour couvrir les trois dernières années d'opérations complétées par l'entreprise) et avec les ratios calculés pour l'industrie ou le secteur représentés par l'entreprise.

Afin d'éviter une évaluation basée exclusivement sur des données historiques (3 dernières années d'opérations complétées), il a été jugé approprié d'ajouter la colonne 4 destinée aux ratios prévisionnels. Dans plusieurs cas, l'entreprise ne disposera pas de cette information; cependant, pour celle ayant des états *pro forma*, il y aura possibilité de procéder à une évaluation plus complète de ses tendances comparativement au secteur.

Il faut souligner qu'en plus de comporter certaines difficultés de calcul (à cause principalement des différents postes pouvant appeler des traitements particuliers, de la désignation différente d'un même poste pour des compagnies oeuvrant dans un même secteur, etc.), il peut y avoir des ambiguïtés dans l'interprétation. C'est donc avec une extrême prudence que l'appréciation (colonne 6) doit être rendue. À cet effet, il est suggéré d'obtenir la collaboration d'une personne familière avec l'analyse d'états financiers (si le répondant principal ne l'est pas) afin d'assurer des résultats fiables. L'appréciation donnée dans la colonne 6 devra être considérée à la lumière des résultats obtenus dans la partie III du questionnaire.

Le questionnaire de l'auto-diagnostic

S'il n'existe pas, à notre connaissance, de questionnaire de diagnostic-export, divers questionnaires généraux de diagnostic d'entreprises ont été publiés dont il est possible de s'inspirer, au moins pour le format sinon pour les questions proprement dites[10]. Le format du questionnaire de la Banque Royale répond particulièrement bien aux critères énumérés précédemment et l'on s'en est inspiré pour bâtir ce questionnaire de diagnostic-export.

Pour chaque dimension retenue pour le diagnostic, une ou deux questions ont été formulées auxquelles correspondent trois réponses types. Il est demandé au répondant de cocher la réponse qui décrit le mieux la situation de son entreprise. Lorsque ces réponses types ne lui conviennent pas suffisamment, le répondant a la possibilité de cocher des colonnes blanches intermédiaires, s'il le juge approprié. Pour chaque question, le répondant a donc cinq choix de réponses possibles placés par ordre croissant de qualité de réponse.

Les dimensions de l'auto-diagnostic qui ont été retenues à partir des recherches présentées précédemment dans ce texte, et compte tenu des particularités des PME québécoises, sont résumées dans le tableau 6.6 accompagnées du numéro des questions qui s'y rapportent.

Cette partie du questionnaire contient un total de trente-huit questions dont dix pour le diagnostic management, six pour le diagnostic finance, quatorze pour le diagnostic marketing et neuf pour le diagnostic production. On a donc accordé une place pré-

---

(10) Banque Royale du Canada. «La vérification de gestion, guide pour les dirigeants des petites et moyennes entreprises». *Vos Affaires.* 1978, n⁰ 13.
et
Institut national de la recherche. *L'Auto-diagnostic sommaire de votre entreprise.* Montréal, 1982.

TABLEAU 6.6: Dimensions du diagnostic-export

Diagnostic *Relié A l'exportation*	Dimensions	Questions (n°)
a) Management	1. Membre(s) de l'équipe de direction intéressé(s) par l'exportation	1
	2. Ressources humaines disponibles, familières avec l'exportation	2
	3. Préparation à la prospection des marchés étrangers	3
	4. Objectifs poursuivis par l'entreprise	4
	5. Anticipations de l'équipe de direction en ce qui concerne l'exportation	5
	6. Place qu'occupera l'exportation dans l'entreprise	6
	7. Perception des marchés étrangers	7
	8. Planification des activités dans l'entreprise	8 et 9
	9. Responsabilité de l'exportation dans l'entreprise	10
b) Finance	1. Prévision des recettes et des déboursés	11
	2. Autres instruments prévisionnels	12
	3. Marge de liquidité	13
	4. Connaissance de la structure des coûts	14
	5. Perception des besoins financiers	15
	6. Utilisation des profits réalisés par l'entreprise	16
c) Marketing	1. Définition des objectifs de vente	17
	2. Part(s) du marché détenue(s) par l'entreprise	18
	3. Concentration de la clientèle	19
	4. Caractère distinctif des produits	20
	5. Qualité des produits	21
	6. Capacité d'adaptation des produits	22
	7. Recours aux études de marchés	23
	8. Flexibilité dans l'établissement des prix	24
	9. Degré de couverture du marché national	25
	10. Réseau de distribution national	26
	11. Potentiel de communication internationale	27 et 28
	12. Service après vente	29
d) Production	1. Planification de la production	30
	2. Contrôle des stocks	31
	3. Capacité de production	32
	4. Système d'approvisionnement	33
	5. Niveau technologique du secteur	34
	6. Niveau technologique de la firme	35
	7. Perfectionnement des produits	36
	8. Possession de brevets et protection des produits	37
	9. Savoir-faire de fabrication	38

pondérante au diagnostic marketing. Dans la mesure où de nombreuses questions de planification, de stratégie et de contrôle sont incorporées dans les diagnostics marketing, finance et production, le diagnostic management occupe lui aussi une place très importante dans le questionnaire.

Cet état de chose est conforme aux conclusions que l'on peut tirer de l'examen de la documentation sur le comportement des firmes face à l'exportation: les dimensions management et marketing l'emportent sur celles de la finance et de la production.

LA VALIDATION DE L'OUTIL DE DIAGNOSTIC

Pour obtenir un bon questionnaire, il faut le valider, c'est-à-dire s'assurer qu'il mesure bien ce que l'on entend mesurer. Dans le cas de ce questionnaire, la validation devrait porter sur trois aspects en particulier:

1. Il faudrait s'assurer que toutes les questions pertinentes sont bien incluses dans le questionnaire.

2. Il faudrait parvenir à éliminer les questions dont la contribution au diagnostic est faible pour ne retenir que celles dont l'influence est déterminante.

3. Il faudrait parvenir à pondérer les dimensions ou parties du questionnaire en fonction de leur poids respectif dans le diagnostic.

Pour réaliser cette validation, la meilleure méthode consisterait à faire remplir ce questionnaire à un grand nombre de dirigeants d'entreprises exportatrices et non exportatrices et, à l'aide de diverses techniques statistiques, identifier les dimensions qui départagent le mieux les entreprises exportatrices des autres.

Cet important travail n'a pas encore été réalisé et de ce fait certaines incertitudes demeurent quant à la qualité de l'instrument qui est présenté ici. Le questionnaire a cependant été testé auprès d'une trentaine de PME québécoises lors de deux séminaires de diagnostic-export organisés par le ministère du Commerce extérieur du Québec. Il a été possible de modifier le questionnaire et de l'améliorer. Dans son état actuel, il demeure cependant imparfait, utile comme base de réflexion et de stimulation pour l'entreprise qui songe à exporter, mais insuffisant comme instrument rigoureux du potentiel d'exportation.

BIBLIOGRAPHIE

Banque Royale du Canada. «La vérification de gestion, guide pour les dirigeants des petites et moyennes entreprises». *Vos Affaires.* 1978, n° 13.

BILKEY, W.J. et TESAR, G. «The Export Behavior of Smaller-Sized Wisconsin Manufacturing Firms». *Journal of International Business Studies.* Printemps 1977, p. 93-98.

CAVUSGIL, S.T. «Some Observations on the Relevance of Critical Variables for Internationalization Stages». *Export Management, an International Context* (Michael R. Czinkota et Georges Tesar, édit.). New York: Praeger, 1982.

CAVUSGIL, S.T. et NEVIN, J.R. «Internal Determinants of Export Marketing Behavior: An Empirical Investigation». *Journal of Marketing Research.* 1981.

Chambre de commerce de la province de Québec. REDEX. *Recherche sur le potentiel d'exportation des entreprises québécoises.* Montréal, 1977.

CZINKOTA, M.R. *Export Development Strategies — U.S. Promotion Policy.* New York: Praeger, 1982.

Institut national de la recherche. *L'Auto-diagnostic sommaire de votre entreprise.* Montréal, 1982.

LEROY, G., RICHARD, G. et SALLENAVE, J.-P. *La Conquête des marchés extérieurs.* Paris: Éditions d'organisations et Montréal: Agence d'Arc, 1978.

URBAN, S. *Réussir à l'exportation.* Paris: Dunod, 1979.

ANNEXE

Questionnaire de diagnostic à l'exportation

QUESTIONNAIRE DE DIAGNOSTIC À L'EXPORTATION

Développé par:

PROFESSEUR DONALD BÉLIVEAU, Ph.D., C.A., R.I.A.
Directeur du Bureau de consultation en gestion (B.C.G.)
de l'Université Laval

ET

PROFESSEUR JEAN-ÉMILE DENIS, M.B.A., D.B.A.
Directeur du Centre d'études en administration internationale
(CETAI) à l'École des Hautes Études Commerciales

Ce questionnaire a été développé pour utilisation lors des séminaires de diagnostic-export organisés par le ministère du Commerce extérieur. Les auteurs remercient le Ministère et en particulier M. Jean Bérard et ses collaborateurs immédiats pour leur appui dans le développement de cet outil.

À l'origine du projet, les auteurs ont également bénéficié de la collaboration de monsieur Jean Guertin, D.B.A., professeur à l'École des Hautes Études Commerciales.

MAI 1983

87

I — RENSEIGNEMENTS GÉNÉRAUX

1. Votre nom:_____

2. Votre poste: _____

3. Le nom de votre entreprise: _____

4. Secteur d'activités: (indiquez le numéro correspondant à votre secteur d'activités — voir pages suivantes pour ce numéro). _____

5. Produits fabriqués (donnez le nom de vos 5 principaux produits et indiquez le
degré de complexité du service d'entretien et/ou de réparations s'y rattachant,
s'il y a lieu).

DEGRÉ DE COMPLEXITÉ DU SERVICE

Nom du produit	Pas de service	Outils et/ou main-d'oeuvre spécialisé pour entretien et/ou réparations	
		Oui	Non
1) _____	☐	☐	☐
2) _____	☐	☐	☐
3) _____	☐	☐	☐
4) _____	☐	☐	☐
5) _____	☐	☐	☐

6. Votre entreprise est-elle:
   Un siège social ☐   Une filiale ☐

7. Êtes-vous déjà impliqué internationalement?

   Oui ☐   Non ☐   Année

   Si oui, sous quelle   ☐ exportation   _____
   forme et depuis quand:
   (Vous pouvez cocher   ☐ importation   _____
   plus d'une case)
                                ☐ fabricant sous licence étrangère _____

                                ☐ achat ou vente de franchise   _____

                                ☐ consortium d'exportation   _____

                                ☐ investissement à l'étranger   _____

   Autre(s) forme(s), spécifiez laquelle (lesquelles)_____

   _____

   Si *non*, est-il de votre intention de le faire au cours de l'année qui vient?
   Oui ☐   Non ☐

8. Si vous êtes impliqués dans l'exportation, de quelle façon l'êtes-vous? (cocher la case a, b, c ou d). De plus, indiquez dans les cases à droite si vous le faites de façon occasionnelle (OCC) ou régulière (REG).

	OCC	REG
☐ a) Nous vendons notre produit à un intermédiaire *situé au Canada* qui, lui, exporte notre produit.	☐	☐
☐ b) Nous exportons notre produit à un intermédiaire *situé à l'étranger* qui, lui, revend notre produit.	☐	☐
☐ c) Nous exportons surtout à la commande venant directement de clients à l'extérieur du pays.	☐	☐
☐ d) Nous recherchons *de façon active* d'autres débouchés à l'extérieur du pays.	☐	☐

9. Nombre d'années d'activité de l'entreprise: _____

10. Quelle est la taille de votre entreprise?

    a) Nombre de personnes dans votre entreprise (en moyenne): _____

    b) Nombre de personnes affectées à la production (en moyenne): _____

    c) Chiffre d'affaires pour les 3 derniers exercices financiers:

    19_____   19_____   19_____

    _____ $ _____ $ _____ $

    d) Indiquez, s'il y a lieu, quelle est la part des exportations dans les ventes totales pour ces 3 derniers exercices.

    19_____   19_____   19_____

    _____ %   _____ %   _____ %

Répartition des industries manufacturières en secteur d'activités

INDUSTRIE MANUFACTURIÈRE

Aliments et boissons

1010 Produits de la viande

Industrie de la viande et de la volaille. Abattage et conditionnement de la viande et de la volaille. Congélation et mise en conserve de viande et volaille. Farine de viande. (Voir aussi grossistes en alimentation.)

1020 Produits du poisson

Industrie de la transformation du poisson. Farine de poisson. (Voir aussi grossistes en alimentation.)

1030 Conserveries de fruits et légumes

Jus de légumes, fruits, soupes, cornichons, confitures. Fruits et légumes en boîtes, congelés ou conservés par un autre procédé, gelée, cidre, sauce, vinaigre.

1040 Produits laitiers

Beurrerie, fromagerie, laiterie, concentrés de lait, lait en poudre, crème glacée, fromage refait, industries laitières diverses, pasteurisation du lait. (Voir aussi grossistes en alimentation.)

1050 Minoterie

Transformation, mélange de farine, meunerie et fabrication de céréales de table et pour animaux de ferme et domestiques. Mélange local des grains.

1070 Boulangerie

Boulangerie et pâtisserie. Pains, biscuits, gâteaux, pretzels et autres produits secs.

1080 Autres produits alimentaires

Confiserie, sucre de canne et de betteraves, huile végétale, pâtes alimentaires, malterie, rizerie, traitement de produits alimentaires divers. Gomme à mâcher, chips, thé, café.

1091 Boissons gazeuses, sirop

1092 Distilleries

1093 Brasseries

1094 Fabriques de vin

1510 PRODUITS DU TABAC

Traitement du tabac en feuilles, fabricants de produits du tabac.

1620 PRODUITS DU CAOUTCHOUC

Pneus et chambres à air, chaussures, produits divers.

1650 ARTICLES EN MATIÈRE PLASTIQUE

Transformation de résines synthétiques produites par moulage, extrusion et tout autre moyen. Articles en plastique et en fibre de verre. (Voir annexe I.)

1720 PRODUITS DU CUIR

Tanneries, fabriques de chaussures, gants, valises, sacs à main, accessoires pour bottes et chaussures, articles divers en cuir.

FILATURES

1810 Filatures de coton et de laine

Filature et tissage. Tissus à rideaux, imprimés, literie, linges de table. Tissage de lainage pour complets, pardessus, articles d'habillement, couvertures, feutre de papeterie.

1830 Fibres synthétiques

Fabrication de fibres et de filés de filament, tissus larges, embobinage et fabrication de tissus synthétiques, extrusion de fibres synthétiques et artificielles.

1840 Autres textiles de base

Fabrication de corderie et ficellerie, traitement des fibres, feutre pressé et aéré, industrie des tapis, carpettes et moquettes, catalognes.

1890 Autres textiles

Fil à couture, rubannerie, broderie, plissage, teinture et finissage des textiles, industries textiles diverses. Articles de pièces, toiles et coton, auvents, tentes, sacs, capitonnage et garnitures, ceintures de sécurité et autres accessoires.

FABRIQUES DE TRICOT

2310 Bonneterie

Articles d'habillement en tissu à mailles. Tricotage de bas, basculotte, chaussettes.

2390 Autres fabriques de tricot

Toutes fabriques d'articles de tricot servant à l'habillement, gants, sous-vêtements.

INDUSTRIE DU VÊTEMENT

2430 Vêtements pour hommes

Confection de complets, vestons, pantalons, pardessus, chemises, vêtements de travail, de sport, vêtements de cuir. Confection régulière ou à forfait.

2440 Vêtements pour dames

Tailleurs, manteaux, robes, jupes, blouses, vêtements de ménage, de sport, lingerie, cols et foulards. Confection régulière ou à forfait, broderie, ourlet, plissé pour l'industrie.

2460 Fourrures

Manteaux et autres vêtements et articles de fourrure.

2480 Corsets et soutiens-gorge.

2490 Autres vêtements

Vêtements pour enfants, bébés. Gants et moufles sauf en cuir, caoutchouc et tricot, chapeaux de paille, toile, feutre, travaux de modiste, canevas, costumes de théâtre, toges universitaires, vêtements traités pour l'imperméabilisation.

INDUSTRIE DU BOIS

2510 Scieries

Scieries, ateliers de rabotage, usines de bardeaux, planches, poutres, bois de dimension.

2520 Placage et contre-plaqués

2540 Ateliers de rabotage

Produits façonnés de bois tels que chassis, portes, fenêtres, boiseries, moulures, parquets de bois dur. Maisons préfabriquées pour le bâtiment. Éléments de charpente et de structure lamellés.

2560 Fabriques de boîtes en bois

Boîtes, palettes, caisses, paniers en bois.

2580 Cercueils et tombes

2590 Fabriques de produits divers en bois

Traitement protecteur du bois, tournage sur bois, panneaux agglomérés, fournitures d'aviculture et d'apiculture, laine de bois, articles de ménage en bois tels qu'épingles à linge, escabeaux, sceaux, barils.

INDUSTRIE DU MEUBLE

2610 Meubles de maison

Meubles de ménage de toutes sortes et matières, ateliers de capitonnage, d'ébénisterie et réparation de meubles.

2640 Meubles de bureau

Pupitres, chaises, tables, classeurs de toutes sortes et matières.

2660 Autres meubles

Mobiliers de toutes sortes et matières pour magasins, éditions publiques, et certaines professions, fabrication de matelas et sommiers. (Meubles en pierre, voir 3590.)

INDUSTRIE DU PAPIER ET DES PRODUITS EN PAPIER

2710 Moulins à pâtes et papiers

Pâtes chimiques ou mécaniques, fabrication de papier journal, papier d'imprimerie, papier à écrire, papier d'emballage Kraft, carton, panneaux pour le bâtiment et l'isolation.

2730 Boîtes et sacs en papier

Boîtes ou caisses d'emballage en papier ondulé ou compact, boîtes pliantes ou montées, sacs en papier, cylindres en fibres, boîtes à motifs décoratifs. Sacs et autres contenants en matières synthétiques et en papier métallique.

2740 Autres produits de papier

Couchage, traitement, façonnage et toute autre transformation du papier et du carton. Papier paraffiné, papier crêpe, serviettes en papier, enveloppes et articles de correspondance, papier gommé, papier tenture, assiettes et tasses de papier, tubes d'expédition par la poste. Bardeaux et feuilles saturés d'asphalte, revêtements de toitures.

IMPRESSION, ÉDITION ET INDUSTRIES CONNEXES

2860 Impression commerciale

Impression commerciale y compris journaux, périodiques, toutes méthodes et procédés d'impression (typographie, flexographie, planographie, lithographie, chalcographie, gravure impression au pochoir, sérigraphie).

2870 Gravures et industries connexes

Reproduction d'imprimerie de tous genres sur films, plaques, clichés, composition et confection de couvertures et reliures.

2880 Édition seulement

Edition de livres, journaux, périodiques, almanach, cartes géographiques, guides et produits analogues.

2890 Édition et impression

Édition et impression de journaux, de périodiques, de livres, d'almanachs, de cartes géographiques, de guides et d'autres publications de ce genre.

INDUSTRIE DES MÉTAUX PRIMAIRES

2910 Industrie du fer et de l'acier

Fabrication de saumons de fonte et de ferro-alliages, de lingots, pièces moulées, coulage de l'acier continu, tubes et tuyaux soudés ou non, laminage à chaud ou à froid, cokeries.

2940 Fonderies

Pièces moulées en fer et tuyaux et raccords en fonte moulée.

2950 Fonte et affinage

Fonte de minerais de métaux non ferreux et affinage de ces métaux. Laminage, moulage et extrusion d'aluminium, cuivre, profilés en aluminium (barres, baguettes, plaques, tôles, etc.) et autres métaux non classifiés ailleurs.

INDUSTRIE DES PRODUITS MÉTALLIQUES

3010 Chaudières et plaques

Chaudières de chauffage et énergétiques, réservoirs de stockage, réservoirs sous pression, cheminées en tôle pour usines, produits de chaudronnerie.

3020 Acier de charpente

Charpentes en acier ou autre métal ou alliage. Profilés pour ponts, bâtiments, pylônes de distribution, grands réservoirs.

3030 Fer forgé

Produits d'architecture et d'ornementation de fer forgé ou métalliques, escaliers, grilles, balustrades, fenêtres, etc.

3040 Estampage des métaux

Fabrication d'articles de tôles minces tels que capsules de bouteilles, lattes et boîtes métalliques, emboutissage et matriçage des métaux. Ustensiles de cuisine et contenants. Revêtement des métaux (émaillage, galvanisation, galvanoplastie), ferblanterie, tôlerie.

3050 Fils métalliques et produits connexes

Fabrication de clous, chevilles, crampons, boulons, écrous, rivets, vis, rondelles, clôture métallique, fil barbelé, chaînes. Autres produits en fil métallique.

3060 Quincaillerie et outillage

Fabrication de taillanderie, d'outillage à main, de coutellerie, de quincaillerie. Haches, burins, matrices, moules, marteaux, pelles, râteaux, limes, scies, fabrication de moules par extrusion.

3070 Appareils de chauffage

Matériel commercial et ménager pour la cuisson, gros appareils de chauffage tels que calorifères, brûleurs à gaz et à mazout, chaudières et radiateurs en fonte.

3080 Ateliers d'usinage (Machine Shop)

Pièces et matériel mécaniques autres que machines complètes pour l'industrie. Remise à neuf de moteurs, de boîtes de vitesse et d'arbres pour automobiles.

3090 Produits métalliques divers

Bourrelets, fusils, tubes repliables, pièces de machines, articles de plomberie, coffres-forts, chambres fortes, pièces forgées, traitement à chaud des métaux.

MACHINERIE

3110 Instruments aratoires

3160 Équipement de réfrigération

Matériel frigorifique commercial, électrique ou non et composantes. Vitrines, comptoirs, armoires de conservation de produits congelés. Matériel de climatisation.

3170 Autres machines

Machinerie pour le bâtiment et l'extrusion minière, le terrassement, le creusage, machinerie industrielle, machinerie pour le bureau et le commerce, machineries diverses.

MATÉRIEL DE TRANSPORT

3210 Avions et pièces

Avions, planeurs, dirigeables, moteurs, hélices, flotteurs, pièces pour missiles et véhicules spaciaux. Réparation d'avions et de pièces.

3230 Véhicules à moteur et accessoires

Voitures particulières et utilitaires, autobus, autocars, camions, ambulances, taxis. Composantes de ces véhicules.

3240 Carrosseries de camion

Carrosseries et remorques d'autos, de camions, d'autobus, etc.

3290 Matériel divers de transport

Matériel ferroviaire, construction et réparation de navires, d'embarcations de tous genres, véhicules divers.

FABRICATION D'APPAREILS ET DE MATÉRIEL ÉLECTRIQUE

3310 Petits appareils électriques

Aspirateurs, ventilateurs, grille-pain, fers à repasser, chauffe-eau, etc.

3320 Gros appareils électriques

Fourneaux, réfrigérateurs, congélateurs ménagers et agricoles, climatiseurs de fenêtre, machines à laver, machines à coudre.

3340 Récepteurs de radio et de télévision

Radios, téléviseurs, appareils et pièces servant à la reproduction et à l'enregistrement par disques et par bandes.

3350 Matériel de télécommunication

Émetteurs de radio et de télévision en circuit fermé, d'aides électroniques à la navigation, matériel de sonorisation. Matériel de télégraphie et téléphonie. Tableaux électroniques de commande, dispositifs similaires. Réparation et revision de ce matériel et pièces.

3360 Matériel électrique industriel

Turbines génératrices à vapeur, moteurs électriques, génératrices, transformateurs, appareils de commutation, accessoires de lignes aériennes, appareils à souder électriques, compteurs électriques.

3380 Manufacturiers de batteries, accumulateurs, piles humides ou sèches.

3390 Appareils électriques divers

Ampoules et tubes d'éclairage, lampes à filament, à vapeur, fluorescentes, lampes éclair et projecteurs, tableaux de commutation à basse tension, électrodes, conduites et raccords, etc.

MINÉRAUX NON MÉTALLIQUES

3510 Produits d'argile

Briques d'argile, dalles et carreaux de céramique, tuyaux d'égouts. Poterie, vaisselle et isolateurs en porcelaine.

3520 Manufacturiers de ciment

Ciment hydraulique, ciment Portland, naturel et de pouzzolane.

3540 Manufacturiers de béton

Agglomérés, tuyaux d'égout, réservoirs, poteaux, fosses sceptiques. Blocs et briques silico-calcaires.

3550 Manufacturiers de béton préparé

Fabrication et livraison de béton préparé.

3560 Verres et produits connexes

Verre plat, glaces, récipients en verre, verrerie culinaire, articles de fibre de verre, miroirs, vitraux, ornements en verre. Gravure et peinture sur verre.

3590 Autres produits minéraux

Produits réfractaires, produits du gypse, de la laine minérale et d'amiante, de mica. Chaux vive et chaux hydratée. Abrasifs, naturels ou articiels. Produits de pierre taillée, façonnage, polissage.

PRODUITS DU PÉTROLE ET DU CHARBON

3650 Raffineries de pétrole

Raffinage du pétrole brut et production d'essence, de mazout, diesel, d'huile lubrifiante.

3690 Autres dérivés du pétrole et du charbon

Produits du pétrole et du charbon non classés ailleurs tels que bitume émulsionné, briquettes, asphalte.

INDUSTRIE CHIMIQUE ET PRODUITS CONNEXES

3720 Engrais

Engrais et produits d'utilisation industrielle (ex.: nitrate d'aluminium).

3740 Produits pharmaceutiques

Drogues et médicaments pour l'homme et les animaux, vitamines, fortifiants.

3750 Peintures et vernis

Peintures, vernis, laques, émaux, gommes-laques, mastic, diluants, matières à charge.

3760 Savons et produits nettoyants

Détersifs synthétiques, produits de récurage, poudre à laver.

3770 Produits de toilette

Parfums, cosmétiques, lotions, préparations capillaires, pâte dentifrice, autres produits de toilette.

3780 Produits chimiques industriels

Acides, alcalis, sels, gaz organiques, comprimés, pigments, oxydes de plomb, de fer, teintures, caoutchouc synthétique.

3790 Autres produits chimiques

Explosifs, munitions, insecticides, encres, allumettes, adhésifs. Désinfectants, résine synthétique. Distillation du goudron et du bois.

FABRICATION DIVERSE

3910 Instruments scientifiques et professionnels

Instruments d'arpentage, de marine, d'aéronautique, baromètres. Thermomètres, lentilles, fournitures de photographie, de laboratoire, de médecine, de mesure. Montres, horloges, etc.

3920 Bijouterie et orfèvrerie

Fabrication et laminage d'articles de métaux précieux. Travail lapidaire, taille, polissage des diamants, etc.

3930 Jouets et articles de sport

Articles de sport et d'athlétisme, jouets.

3940 Balais, brosses et vadrouilles.

3990 Autres fabrications diverses n.c.a.

CONSTRUCTION

4040 Entrepreneurs en construction

Entreprises en construction domiciliaire et non domiciliaire. Réparation et rénovation des bâtiments.

4060 Ponts et chaussées

Construction et réparation de routes, rues, ponts et aéroports.

4090 Autres travaux de construction

4210 Entrepreneurs spécialisés

Sous-traitants.

TRANSPORT

5070 Camionnage

Camionnage local et interurbain, sauf déménagement et entreposage de bien usagés.

II — FICHE D'ANALYSE FINANCIÈRE

Pour les questions 11 à 14 inclusivement, veuillez indiquer dans la colonne (3) les ratios ou chiffres reliés à votre dernière année *complète* d'opérations, s'il y a lieu dans la colonne (2), les ratios ou chiffres reliés à l'avant-dernière année et dans la colonne (1), les ratios ou chiffres de l'année antérieure à ces deux dernières, s'il y a lieu. Dans la colonne (4), donnez, si possible, les ratios ou chiffres prévus pour l'année en cours. Vous pouvez compléter la colonne (5) à partir de statistiques publiques (Statistique Canada, Dun & Bradstreet, etc.) et la colonne (6) par comparaison entre la colonne (5) et les colonnes (1) à (4). Si vous le souhaitez, vous pouvez aussi nous faire parvenir cette fiche afin que nous complétions les colonnes (5) et (6). Elle vous sera retournée dans les plus brefs délais.

	RATIOS OU $					
	(1) 19___	(2) 19___	(3) 19___	(4) Prévisions*	(5) Industrie ou secteur	(6) Appré- ciation
1. **Information reliée à la ren- tabilité**						
a) Bénéfice net Ventes nettes →						
b) Marge brute Ventes nettes →						
c) Bénéfice net Avoir du propriétaire →						
2. **Information reliée au finan- cement**						
a) Marge brute d'autofinan- cement (bénéfice net + amortissement − divi- dendes) →	$	$	$	$	$	
b) Fonds de roulement net (Actif à court terme − Passif à court terme) →	$	$	$	$	$	
c) Dette à long terme Avoir du propriétaire →						
d) Actif à court terme Passif à court terme →						
e) Actif à court terme − Stocks - Payés d'avance Passif à court terme →						

	RATIOS OU $					
	(1) 19___	(2) 19___	(3) 19___	(4) Prévisions*	(5) Industrie ou secteur	(6) Appréciation
3. Information reliée à la gestion						
a) Comptes et effets à recevoir / Ventes nettes/365 →						
b) Comptes et effets à payer / Achats/365 →						
c) Achats / Matières premières →						
d) Ventes / Produits finis →						
e) Ventes / Actif →						
4. Information reliée à la croissance						
a) Ventes nettes année courante × R[1] / Ventes nettes année antérieure						

* Ce que vous prévoyez pour l'année en cours, lorsque possible, à partir de budgets ou d'autres états *pro forma*.

(1) R = (1-taux d'inflation de l'année)

III — QUESTIONNAIRE DE DIAGNOSTIC

	Réponse 1	Réponse 2	Réponse 3	Réponse 4	Réponse 5
a) Diagnostic management					
1. Qu: s'intéresse à l'exportation dans votre entreprise?	Pour le moment, il ne semble pas y avoir de personne intéressée à la dimension exportation.		Le président et les gens du marketing trouvent que ça serait une bonne manière d'accroître nos ventes.		C'est toute la direction qui a décidé qu'il faudrait s'attaquer aux marchés étrangers pour accroître notre chiffre d'affaires.
2. Y a-t-il dans votre entreprise des gens qui savent ce que c'est que l'exportation?	Non, personne de chez nous n'en a fait.		Il y a au moins un de nos employés qui a suivi des séminaires de sensibilisation à l'exportation.		Au moins un de nos employés en a déjà fait.
3. Votre entreprise a-t-elle déjà participé à des foires et/ou missions de prospection de marché à l'étranger?	Jusqu'ici nous n'avons pas estimé que ça en valait la peine.		Nous ne l'avons pas fait, mais nous jugeons essentiel de nous y mettre.		Nous y avons déjà participé et nous saisissons toutes les occasions qui se présentent.
4. Comment décrivez-vous les objectifs de votre entreprise?	Nous recherchons la sécurité d'abord.		Ce qui nous préoccupe avant tout c'est d'aller chercher le plus de profit possible.		Nous ne cherchons pas à faire faillite, mais notre stratégie c'est de saisir toutes les chances d'accroître notre chiffre d'affaires.
5. Si votre entreprise se met à exporter, quel sera, d'après vous, l'impact sur la croissance de l'entreprise?	On va avoir des problèmes nouveaux à régler et cela va retarder la croissance de l'entreprise.		On aura sans doute des problèmes d'ajustements passagers.		C'est dans l'exportation que se trouve le potentiel de croissance pour notre entreprise et on en bénéficiera très vite.

	Réponse 1	Réponse 2	Réponse 3	Réponse 4	Réponse 5
6. Advenant que votre entreprise se mette à faire de l'exportation, quelle place accordera-t-on à cette nouvelle activité?	La priorité demeurera celle du marché intérieur.		Cela dépendra si l'exportation s'avère rentable.		Les marchés d'exportation seront considérés au même titre que les marchés intérieurs mais nous mettrons les efforts où cela rapporte le plus.
7. Comment se comparent les marchés étrangers avec les marchés intérieurs?	Ils sont beaucoup plus difficiles à développer parce qu'ils sont lointains, protégés et que les usages d'affaires y sont bien différents.		Certains sont plus difficiles à développer, d'autres moins.		Ils ne sont pas plus difficiles à pénétrer pour nous que le nôtre ne l'est pour nos concurrents étrangers.
8. Comment sont planifiées les activités dans votre entreprise?	Le président a une bonne idée de ce qu'il veut atteindre comme objectif et il organise tout en conséquence.		Les principaux responsables de l'entreprise se réunissent périodiquement et définissent ensemble des objectifs à atteindre et des moyens à mettre en oeuvre.		Nous avons mis au point une procédure systématique de planification à long terme. Nous comparons régulièrement les performances aux objectifs et prenons les mesures d'ajustement qui s'imposent.
9. Comment préparez-vous l'avenir de votre entreprise?	Nous ne planifions pas vraiment. Nous nous efforçons de nous ajuster rapidement aux développements de la conjoncture.		Nous avons identifié quelques directions que nous pourrions prendre dans le domaine de la diversification des produits ou des marchés et les orientations qui seront adoptées dépendront des possibilités qui se présenteront.		Nous identifions des possibilités de développement et les évaluons rigoureusement en fonction des objectifs de l'entreprise, de nos ressources, de la concurrence et de la conjoncture.

	Réponse 1	Réponse 2	Réponse 3	Réponse 4	Réponse 5
10. Qui s'occupera de l'exportation dans votre entreprise si l'on décide d'en faire?	Le président s'en occupera personnellement en supplément de ses activités habituelles.		Le président s'en occupera au début et quand ça deviendra trop lourd, il en donnera la responsabilité au directeur des ventes ou à un autre membre de la direction.		Un service de l'exportation sera créé dans l'entreprise sous la responsabilité du membre de l'équipe de direction le plus compétent ou le plus intéressé par l'exportation.

b) Diagnostic finance

	Réponse 1	Réponse 2	Réponse 3	Réponse 4	Réponse 5
11. Faites-vous des prévisions de recettes et déboursés chaque mois pour les douze mois à venir?	Nous n'utilisons pas encore cet outil de gestion.		Nous faisons certains estimés, surtout lors de demandes d'emprunts, mais pas de façon régulière.		Oui, nous utilisons cet outil de gestion de façon régulière pour mieux planifier.
12. Est-ce que vous utilisez d'autres instruments prévisionnels? (Ex.: budget des ventes, des achats de matière première, des achats d'équipement de production, etc.)	Nous n'utilisons pas encore ce genre d'outils de gestion.		Nous utilisons certains de ces outils pour faciliter notre prise de décision et leur exactitude est révisée à des périodes régulières.		Nous utilisons tous les outils prévisionnels essentiels à une saine planification des activités. Les principaux écarts entre les résultats réels et budgetés sont analysés et les actions correctrices sont prises s'il y a lieu.
13. À cause du manque de liquidités, vous arrive-t-il d'avoir à demander une marge de crédit à votre banque?	Oui, car très souvent nous sommes pas mal à l'étroit dans nos finances.		Oui, ça nous arrive à l'occasion, par exemple à cause de variations saisonnières.		C'est bien rare que cela nous arrive car nous avons des ressources monnayables rapidement (dépôts à terme, terrains et bâtisses non hypothéqués).

	Réponse 1	Réponse 2	Réponse 3	Réponse 4	Réponse 5
14. Dans le prix de vos produits, êtes-vous capable d'évaluer la part qui revient aux frais généraux, à la matière première et à la main-d'oeuvre?	Notre comptabilité ne nous permet pas de faire ce genre d'estimés.		Nous estimons de temps à autre le coût d'un produit en attribuant des montants pour les matières premières et la main-d'oeuvre et en ajoutant un pourcentage (basé sur notre expérience) pour les frais généraux.		Nous avons un système de prix de revient suffisamment précis pour déterminer la marge de contribution de chaque produit (coûts directs et indirects). Les coûts sont revisés régulièrement.
15. À votre avis, l'exportation exige-t-elle de grosses ressources financières?	Oui, bien plus que pour développer les ventes sur le marché local.		Oui et non, ça dépend de l'ampleur que l'on veut donner à l'exportation.		Pas vraiment, car ce qui compte c'est une saine gestion de l'ensemble des activités de l'entreprise.
16. Quelle attitude entretenez-vous vis-à-vis de l'utilisation des profits réalisés par l'entreprise?	De façon générale, lorsque nous réalisons des profits, nous les distribuons sous forme de dividendes ou de bonus.		Nous n'avons pas d'attitude arrêtée à ce sujet. Toutefois, nous essayons de distribuer des fonds aux propriétaires (dividendes ou autres) chaque année.		Notre attitude est de réinvestir les profits dans l'entreprise pour améliorer notre technologie, faire de la recherche ou pour toute activité qui va contribuer à notre croissance.

101

	Réponse 1	Réponse 2	Réponse 3	Réponse 4	Réponse 5
c) Diagnostic marketing					
17. Comment vos objectifs de ventes sont-ils définis?	Nous n'avons pas d'objectifs de ventes écrits. Chaque mois nous essayons de faire pour le mieux.		Chaque année nous essayons d'établir avec nos vendeurs des estimés de ventes assez précis pour l'année qui vient.		Pour chaque année, nos objectifs de ventes par produit, territoire ou vendeur sont bien définis et ces données sont comparées chaque mois avec les ventes réelles. Les écarts sont analysés et des actions sont initiées pour les corriger.
18. Connaissez-vous la part de marché détenue par votre entreprise?	Nous connaissons nos principaux concurrents mais nous n'avons pas d'idée de la part de marché que nous détenons.		Nous connaissons la majorité de nos concurrents et nous avons une certaine idée de notre part de marché.		Nous savons qui sont nos concurrents et nous consacrons beaucoup d'efforts à calculer notre part de marché. Nous utilisons cette information dans l'élaboration des objectifs de la prochaine année.
19. La majorité de vos ventes est-elle concentrée entre les mains de quelques gros clients?	Notre politique est de restreindre nos ventes à quelques gros clients importants sur le marché national.		Notre politique est de répartir nos ventes entre plusieurs clients; toutefois, ils sont recrutés dans un même secteur d'activité économique.		Notre politique est de diversifier nos ventes afin de ne pas dépendre de quelques clients seulement ou d'un seul secteur d'activité économique.

	Réponse 1	Réponse 2	Réponse 3	Réponse 4	Réponse 5
20. Vos produits ont-ils un caractère distinctif?	Nos produits ne présentent aucune caractéristique particulière.		Nos produits sont quelque peu différents mais ne présentent pas de caractère exclusif.		Nos produits présentent certains aspects qui les différencient nettement de ceux de la concurrence. Ils sont d'ailleurs reconnus pour leur exclusivité.
21. Quelle est la politique que des dirigeants en ce qui a trait à l'importance de la qualité des produits?	Nous croyons qu'il faut avoir un prix très bas, quitte à diminuer la qualité de nos produits pour y arriver.		Nous cherchons à nous aligner sur la concurrence tant pour la qualité du produit que pour le prix.		Notre cheval de bataille est la qualité. Nous visons à être supérieurs à la concurrence même si cette approche implique que nos prix seront plus élevés.
22. Vos produits sont-ils bien adaptés aux besoins des clients que vous désirez servir?	D'après les commentaires recueillis, certaines améliorations (en fonction des usages, accessoires, etc.) sont nécessaires pour bien répondre aux attentes des clients.		Nos produits semblent assez bien adaptés aux besoins des clients.		Nos produits répondent très bien aux besoins des clients. D'ailleurs, notre département marketing et celui de recherche et développement s'assurent que les commentaires de nos clients sont pris en considération.
23. Procédez-vous à des études de marché?	Nous ne faisons pas d'études de marché pour connaître son potentiel, les goûts des consommateurs, etc.		Nous essayons d'obtenir par nos vendeurs certaines statistiques et informations sur les marchés qui nous intéressent, ceci des gouvernements et autres sources.		L'acquisition et l'exploitation d'une grande variété d'informations jouent un rôle fondamental dans l'élaboration de nos stratégies de marketing.

103

	Réponse 1	Réponse 2	Réponse 3	Réponse 4	Réponse 5
24. Avez-vous de la flexibilité dans l'établissement de vos prix?	Il nous est très difficile de baisser nos prix à cause de la marge de profit que nous avons et presque impossible de les augmenter à cause de la concurrence.		Nous avons une certaine flexibilité. Toutefois, dans certains cas, nous ne voyons pas de façon précise quels sont nos coûts et hésitons à modifier certains prix.		Nous avons un système de prix très flexible basé sur la marge de contribution (frais variables) et qui tient compte de la différenciation de notre produit par rapport à la concurrence.
25. Est-ce qu'il y a eu un développement de votre marché au cours des dernières années?	Non, nous avons préféré nous limiter au niveau local.		Nous avons étendu notre marché au niveau régional et même provincial.		Nous avons progressé beaucoup en passant du niveau local pour en arriver à distribuer dans différentes provinces du Canada.
26. Comment assurez-vous la distribution de vos produits?	Notre préoccupation majeure c'est la production et nous n'avons pas de vendeurs. Pour ce qui est de la distribution, nous nous en remettons à quelques gros intermédiaires.		Nous avons une équipe de vendeurs qui couvrent nos marchés.		Nous contrôlons un réseau étendu et diversifié constitué selon les cas de vendeurs, d'agents et de distributeurs.
27. Pouvez-vous effectuer des transactions en anglais?	Nous transigeons exclusivement en français.		L'occasion ne s'est pas présentée mais cela ne nous poserait pas de difficulté.		Nous avons du personnel parfaitement bilingue et nous sommes en mesure de correspondre en anglais par lettre ou par télex.

	Réponse 1	Réponse 2	Réponse 3	Réponse 4	Réponse 5
28. Avez-vous une documentation décrivant votre entreprise et/ou vos produits?	Non, nous n'avons pas jugé utile d'en avoir une jusqu'à maintenant.		Nous avons un catalogue rédigé en français qui traite de notre entreprise et de nos produits.		Nous avons un (des) catalogue(s) rédigé(s) en deux langues au moins et nous le(s) mettons à jour chaque année.
29. Si vos clients vous demandent des services après-vente (retour de marchandises, réparation, information sur l'utilisation des produits, etc.), êtes-vous en mesure de les satisfaire?	Nous préférons éviter ce genre de problèmes au maximum car nous n'avons pas les ressources pour y faire face.		Nous n'avons pas de service après-vente formellement établi; toutefois nous pouvons rendre ce genre de service à l'occasion.		Nous sommes parfaitement organisés pour offrir ce genre de service.
d) Diagnostic production					
30. Comment planifiez-vous la production?	Très peu. Nous agissons en fonction des entrées des commandes: premier entré, premier servi.		Nous avons bien un système de planification mais nous ne l'appliquons pas vraiment.		Nous appliquons un système de planification qui nous permet de respecter presque toujours les échéances auxquelles nous nous sommes engagés.

	Réponse 1	Réponse 2	Réponse 3	Réponse 4	Réponse 5
31. Comment contrôlez-vous vos stocks?	Nous n'avons pas de système et nous avons souvent des surprises dans ce domaine; ou bien nous avons de graves ruptures de stock, ou bien nous nous retrouvons avec des excédents à ne savoir qu'en faire.		Nous avons bien un système de contrôle mais nous ne nous en servons pas vraiment. En fait, nous nous en tenons à un contrôle visuel qui évite les gros problèmes mais qui ne minimise certainement pas les coûts d'inventaire.		Nous avons mis sur pied un bon système qui nous met à l'abri des excédents ou des pénuries.
32. Votre entreprise peut-elle faire face à une hausse soudaine de la demande?	Ce n'est pas possible car nous produisons déjà à pleine capacité.		Nous pourrions augmenter la production en l'étalant sur une plus longue période car nous avons des excédents de capacité certains mois de l'année ou, à la rigueur, en faisant travailler le personnel en heures supplémentaires.		Pas de problème car nous avons une capacité de production inutilisée ou, au besoin, nous pouvons l'accroître sans difficulté.
33. Votre système d'approvisionnement est-il fiable?	Nos fournisseurs nous font souvent défaut.		Nous programmons nos approvisionnements mais ça nous arrive d'avoir des surprises avec nos fournisseurs.		Afin d'assurer un approvisionnement continu, nous avons diversifié nos fournisseurs et établi des ententes solides avec eux.

	Réponse 1	Réponse 2	Réponse 3	Réponse 4	Réponse 5
34. D'après vous, quel est le niveau technologique de *fabrication* du *secteur* dans lequel vous opérez?	Nous sommes dans un secteur de base technologie de fabrication.		Nous sommes dans un secteur de technologie de fabrication moyenne.		Nous sommes dans un secteur de technologie de fabrication de pointe.
35. Quel est d'après vous le niveau technologique de fabrication de *votre entreprise* par rapport aux *autres firmes* de votre secteur?	Moins élevé.		Comparable.		Supérieur.
36. Quelle importance accordez-vous au perfectionnement de vos produits?	Ce n'est pas un domaine qui nous préoccupe beaucoup.		Nous faisons des efforts de ce côté-là dans la mesure où la concurrence nous y oblige.		Il y a des gens dans notre entreprise dont la fonction principale ou unique est de toujours améliorer nos produits.
37. Dans quelle mesure vos produits sont-ils protégés?	Ils ne sont protégés par aucun brevet.		Ils sont protégés par des brevets sur lesquels nous n'avons que des droits limités.		Ils sont protégés par des brevets que nous pouvons utiliser en toute liberté.
38. Comment évaluez-vous votre expertise de fabrication (c'est-à-dire savoir-faire, expérience, technique de fabrication)?	Nos produits impliquent des procédés de fabrication très simples.		La maîtrise des procédés de fabrication utilisés suppose une certaine expérience.		Nos produits exigent des procédés de fabrication très difficiles à maîtriser.

TABLEAU-SYNTHÈSE D'AUTO-DIAGNOSTIC-EXPORT

Instructions:

Rapportez ci-dessous votre pointage aux questions précédentes. En reliant les points ainsi obtenus les uns aux autres, vous obtiendrez votre profil d'auto-diagnostic qui vous indiquera visuellement vos points forts et vos points faibles. En calculant la valeur moyenne de vos réponses, vous verrez comment se comparent les principales dimensions de votre diagnostic et vous verrez aussi dans quels secteurs il faut faire porter les efforts pour améliorer votre potentiel d'exportation. Calculez ensuite la valeur moyenne de vos réponses, pour l'ensemble du questionnaire. Le chiffre obtenu peut être comparé à la valeur maximale qui est égale à 5. Une illustration des calculs vous est présentée dans la page suivante et peut vous servir de guide dans l'élaboration de votre propre profil.

Entreprise: _____ Date:_____						
Éléments de l'auto-diagnostic	Numéro des questions	Réponses				
		1	2	3	4	5
a) MANAGEMENT	1					
	2					
	3					
	4					
— Somme des valeurs des réponses =	5					
— Valeur moyenne des réponses	6					
$\left(\dfrac{\text{Somme}}{10}\right) = \dfrac{}{10} = \square$	7					
	8					
	9					
	10					
b) FINANCE	11					
— Somme des valeurs des réponses =	12					
— Valeur moyenne des réponses	13					
$\left(\dfrac{\text{Somme}}{6}\right) = \dfrac{}{6} = \square$	14					
	15					
	16					
c) MARKETING	17					
	18					
	19					
	20					
— Somme des valeurs des réponses =	21					
— Valeur moyenne des réponses	22					
$\left(\dfrac{\text{Somme}}{13}\right) = \dfrac{}{13} = \square$	23					
	24					
	25					
	26					
	27					
	28					
	29					

Entreprise:	Date:					
Éléments de l'auto-diagnostic	Numéro des questions	Réponses				
		1	2	3	4	5
d) PRODUCTION — Somme des valeurs des réponses = — Valeur moyenne des réponses $\left(\dfrac{\text{Somme}}{9}\right) = \dfrac{}{9} = \square$	30 31 32 33 34 35 36 37 38					

Valeur moyenne des réponses pour l'ensemble de l'auto-diagnostic

$$\left(\frac{\text{Somme des diagnostics}}{38}\right) \ = \ \frac{+ \ \ + \ \ +}{38} \ = \ \square$$

TABLEAU-SYNTHÈSE D'AUTO-DIAGNOSTIC-EXPORT (Exemple)

Entreprise: G.L. Côté Limitée		Date: Mai 1983					
Éléments de l'auto-diagnostic	Numéro des questions	Réponses					
		1	2	3	4	5	

Éléments de l'auto-diagnostic	Numéro des questions
a) MANAGEMENT — Somme des valeurs des réponses = 25 — Valeur moyenne des réponses $\left(\dfrac{\text{Somme}}{10}\right) = \dfrac{25}{10} = \boxed{2,5}$	1 2 3 4 5 6 7 8 9 10
b) FINANCE — Somme des valeurs des réponses = 10 — Valeur moyenne des réponses $\left(\dfrac{\text{Somme}}{6}\right) = \dfrac{10}{6} = \boxed{1,7}$	11 12 13 14 15 16
c) MARKETING — Somme des valeurs des réponses = 56 — Valeur moyenne des réponses $\left(\dfrac{\text{Somme}}{13}\right) = \dfrac{56}{13} = \boxed{4,3}$	17 18 19 20 21 22 23 24 25 26 27 28 29
d) PRODUCTION — Somme des valeurs des réponses = 15 — Valeur moyenne des réponses $\left(\dfrac{\text{Somme}}{9}\right) = \dfrac{15}{9} = \boxed{1,7}$	30 31 32 33 34 35 36 37 38

Valeur moyenne des réponses pour l'ensemble de l'auto-diagnostic

$$\left(\frac{\text{Somme des diagnostics}}{38}\right) = \frac{25 + 12 + 56 + 15}{38} = \boxed{2,8}$$

VII Conclusion

Jean-Émile Denis

Certaines conclusions d'ensemble se dégagent des recherches présentées dans cet ouvrage concernant la PME québécoise et l'exportation.

La première, peut-être la plus importante, est que les considérations «objectives» de taille, de capacité technologique ou de production ne constituent pas les principales entraves au succès d'une entreprise sur les marchés étrangers. Plutôt, la capacité de réussite semble relever beaucoup plus de la qualité et du dynamisme de son équipe de direction et, parmi les aires fonctionnelles de l'entreprise, de ses compétences en marketing.

Ces conclusions ne devraient pas surprendre, en tout cas moins qu'il y a seulement quelques années. Des points de vue similaires sont de plus en plus souvent exprimés dans des publications scientifiques ainsi que dans des forums d'hommes d'affaires, comme ceux de l'Association des manufacturiers canadiens ou de l'Association canadienne d'exportation. Cet argument est repris d'ailleurs dans le virage technologique au chapitre de la dynamisation de l'entreprise.

Il faut insister sur ce point à un moment où justement on constate une extrême préoccupation pour le développement ou l'adoption de nouvelles technologies. Elles ont certes leur importance mais elles ne sauraient constituer une panacée: le rendement dans l'entreprise dépendra toujours de l'aptitude de l'équipe de direction à les mettre en valeur.

À bien des égards, la PME québécoise n'est pas différente de la PME américaine, allemande ou scandinave: elles font toutes face aux mêmes types de difficultés avec des handicaps similaires propres à la nature même de la PME. Dans tous les pays industrialisés, il existe de nombreuses PME toutes aussi exposées (si ce n'est plus) à ces multinationales qui les hantent. Il n'y a pas lieu de penser que le domaine des grandes entreprises multinationales empiétera beaucoup plus sur celui des PME et, d'une certaine manière, la concurrence à livrer se fera surtout entre toutes les PME du monde elles-mêmes. Celles qui survivront au Québec ou ailleurs seront celles qui auront été les mieux gérées.

Ou les mieux appuyées par leurs gouvernements respectifs? C'est ce que peut-être certains seraient tentés d'ajouter après ce commentaire. La réponse est de la même nature que celle sur la technologie: l'aide gouvernementale ne peut suppléer à des lacunes de gestion. Elle peut stimuler, encourager, faciliter, mais elle ne peut se substituer aux fonctions entrepreneuriales et managériales. Faut-il ajouter en passant que les PME québécoises bénéficient déjà de nombreux services de conseils et que celles qui y ont recours se montrent beaucoup plus souvent satisfaites que l'inverse.

Le secteur de la PME au Québec souffre d'un handicap historique: le manque d'expérience des marchés étrangers. Le développement international est un phénomène récent et l'apprentissage de l'exportation ne se fait pas du jour au lendemain. Deux conclusions méritent d'être rappelées. D'une part, il vaut mieux faire son apprentissage sur un terrain pas trop inconnu et les PME devraient plus souvent penser aux marchés des États-Unis avant de tenter d'exporter sur des marchés plus «exotiques». D'autre part, l'acquisition du «savoir-faire» en matière d'exportation peut se faire d'une manière graduelle en s'appuyant au début sur l'expertise des spécialistes du commerce international extérieur à l'entreprise.

Les maisons de commerce et les transitaires internationaux demeurent trop peu connus des PME québécoises et trop peu utilisés par celles-ci. Faut-il rappeler pour terminer que la force des PME sur les marchés étrangers dépendra beaucoup à l'avenir de l'intensité et de la qualité des interrelations entre les principaux partenaires des transactions internationales: les maisons de commerce, les transitaires, les transporteurs, les banques, les services publics à vocation internationale et ... les PME elles-mêmes! Ces différents intervenants ne collaborent pas encore suffisamment avec les marchés étrangers.

PROFILS D'ENTREPRISES ET STRATÉGIES D'EXPORTATION

Le chapitre III nous a révélé que le groupe des entreprises à exportations en croissance était loin d'être homogène et que l'on pouvait identifier à l'intérieur de ce groupe des profils d'entreprises différents auxquels correspondaient des stratégies d'exportation distinctes. Les études rassemblées dans cet ouvrage ne permettent pas de répartir en différents segments toutes les PME québécoises (non seulement celles qui exportent mais aussi celles qui n'exportent pas) à partir d'évidences empiriques satisfaisantes. Il est toutefois possible d'avancer que pour certains types de PME, certaines approches des marchés étrangers sont préférables à d'autres.

On peut répartir les PME en deux groupes fondamentaux: celles qui exportent et celles qui n'exportent pas. Celles du premier groupe se répartissent à leur tour entre celles qui ne s'intéressent pas à l'exportation, celles qui envisagent d'exporter et celles dont les tentatives d'exportation se sont soldées par un échec. Quant à celles du deuxième groupe, il est concevable de les répartir, comme dans le chapitre III, entre les nouveaux exportateurs d'une part et les exportateurs expérimentés d'autre part.

Les entreprises non exportatrices et non intéressées par l'exportation sont, le plus souvent, des petites entreprises vivant d'un marché isolé, protégé ou très spécialisé. On peut retrouver aussi dans ce groupe un autre type d'entreprises, celles dont l'expansion sur le marché régional ou national n'a pas atteint sa limite et pour lesquelles la question d'exporter ou non ne se pose pas dans l'immédiat.

À une époque où les marchés sont plus ouverts que jamais à la concurrence internationale, rares sont les entreprises souhaitant se développer qui peuvent se permettre de ne pas penser aux marchés étrangers. Il importe donc que les PME qui n'exportent pas se familiarisent avec cette option de diversification de leurs activités au lieu de continuer à l'ignorer. Au cours de la dernière décennie, les pouvoirs publics et les associations professionnelles ont joué un rôle très important de promotion des exportations, rôle qu'ils devront continuer à jouer dans les années à venir.

Les PME non exportatrices intéressées à exporter sont souvent celles qui réalisent que le marché régional ou national est insuffisant pour assurer leur expansion. Mais vouloir exporter ne signifie pas être en mesure de le faire. Le diagnostic-export s'impose à elles. Il leur permettra de s'assurer qu'elles disposent de tous les atouts nécessaires pour réussir sur les marchés étrangers. Elles pourront décider, en fonction de leurs forces et faiblesses, du choix le plus approprié des marchés étrangers et de leurs stratégies de pénétration. Elles s'éviteront ainsi des déboires qui accompagnent certaines tentatives intempestives de percée des marchés étrangers.

Lorsque les PME décident de passer à l'action, après s'être assurées qu'elles sont en mesure de le faire, la question du choix des marchés se pose alors. Il le fut mentionné plusieurs fois, les PME québécoises ont trop tendance à s'attaquer à des marchés difficiles pour lesquels elles ne sont pas prêtes. Après s'être assurées qu'elles couvrent bien l'espace national, c'est en premier lieu au États-Unis qu'elles devraient penser et plus précisément aux sous-régions américaines les plus proches (Centre-est et Nord-est). Les États-Unis étant si proches, elles seront peut-être tentées de les prospecter directement. Dans bien des cas, elles constateront que la clef du succès réside dans la réalisation d'ententes avec des agents manufacturiers américains ou autres intermédiaires, sans la collaboration desquels la pénétration des marchés est illusoire.

S'il s'avérait que les marchés à considérer soient des pays lointains et difficiles d'accès, la PME devrait réaliser que le recours à des intermédiaires spécialisés demeure le meilleur moyen de réduire les risques que ces marchés présentent. En s'associant à une maison de commerce international ou à un transitaire international expérimenté, elle aura accès à un réseau d'information qu'elle ne saurait développer qu'après de nombreuses années d'activité. Une étroite collaboration avec eux lui apportera une expérience progressive de l'exportation qu'elle pourra, plus tard, reprendre à son compte.

Deux ou trois années d'exportation sur un ou deux marchés et environ dix pour cent du chiffre d'affaires de la compagnie sont des caractéristiques reflétant, en général, une expérience suffisante pour passer à un stade plus avancé de l'exportation et de l'internationalisation de l'entreprise sous d'autres formes (accord de licence, de franchise, de participation, etc.). Si l'on s'en tient à l'exportation proprement dite, on a constaté que l'expansion rapide des PME est due, dans une très large mesure, à la diversification des marchés étrangers. L'entreprise a donc intérêt à identifier et à prospecter de nouveaux marchés, et à adopter pour chacun d'entre eux des stratégies de pénétration appropriées en fonction de leurs caractéristiques et de ses objectifs et ressources.

La limite à l'expansion est souvent dictée par ce dernier élément: la PME n'a pas les ressources nécessaires pour aborder concurremment de nombreux nouveaux marchés. À moins, encore une fois, qu'elle n'ait recours aux intermédiaires spécialisés auxquels on a fait référence précédemment.

*

*   *

L'exportation vient d'être présentée comme un processus d'apprentissage découpé en étapes successives. Le succès de l'entreprise réside dans son aptitude à aborder chaque étape au moment opportun et donc à planifier son développement international.

Cet exposé fait ressortir la diversité des besoins au sein des PME manufacturières et, par conséquent, la nécessité de développer à leur intention des politiques diversifiées de promotion du commerce extérieur.

NOTES

NOTES

NOTES

NOTES

NOTES

NOTES

Achevé d'imprimer
en janvier mil neuf cent quatre-vingt-quatre
sur les presses de l'Imprimerie Gagné Ltée
Louiseville - Montréal.
Imprimé au Canada